Diego Andrés Umbría Quiñones

Vivencias de un militar en el País Vasco, en los años más duros de la ETA

1979-1980-1981 y 1989-1990

VIVENCIAS DE UN MILITAR EN EL PAÍS VASCO,
EN LOS AÑOS MÁS DUROS DE LA ETA
1979-1980-1981 y 1989-1990

Edita: Princesa Editorial

Contacto: diegoandresumbria@gmail.com

Primera edición: junio de 2021

ISBN: 9798525648852

Impreso en Polonia – *Printed in Poland*

ÍNDICE

Segunda parte. 1989-1990

PRÓLOGO

Diego Umbría vuelve a salir a la plaza pública de la imprenta con un nuevo libro: *Vivencias de un militar en el País Vasco en los años más duros de la ETA*. Y si en la anterior ocasión —en *Los contrabandistas de tabaco por el Campo de Gibraltar y la Serranía de Ronda*—, el autor recogía de la memoria popular, de los descendientes de algunos de los protagonistas del libro y de los rescoldos de su infancia —oídos y vistos— los argumentos verídicos y constatados de los contrabandistas malagueños, ahora rebusca entre su experiencia vivida en la comunidad vasca durante los años en que la banda criminal ETA actuó con más dureza (los años 1979-1981), amparada en el «santuario francés», bendecida por el clero vasco y no denunciada por el gobierno de esa comunidad española. De nuevo, regresó Diego a Bilbao, donde permaneció dos años de servicio (enero de 1989-diciembre de 1990), pero la situación, sin ser boyante, ya había cambiado, porque la gente de esa comunidad había comprendido lo que significaba y era, realmente, la ETA, como dice el autor. La primera estancia la dictó su destino militar; la segunda, la solicitó él, pues «los gratos recuerdos y aquellas fuertes vivencias me atraían».

En cada uno de esos libros, Diego, desde su presente, rememora un pasado y lo plasma en letra de molde, claro está, con una gran diferencia: en el primero narra hechos ajenos a su propia experiencia; en el segundo, el motivo de estas líneas, relata hechos y circunstancias vividos por él como testigo muy próximo a lo narrado, pues los asesinados por la ETA, bien eran sus propios compañeros, bien sus mandos y, en cualquier caso, casi siempre militares, guardias civiles y policías que conocía; incluso, algunos paisanos suyos, de Gaucín (Málaga). Y en las dos ocasiones merece Diego un doble reconocimiento: por parte de aquellos contrabandistas que habían elegido esta peligrosa forma de subsistencia para sortear diariamente la ardua tarea de seguir viviendo y de alimentar a su familia, que le agradecerán desde donde se encuentren ver sacadas del olvido y del anonimato sus pequeñas-grandes historias, y sus familiares; también nosotros, como lectores, se lo agradecemos, porque con aquel libro se enriquece el acervo cultural popular, pues si Diego no las rescata de la memoria aún viva, pero ya iba estando desgastada, hubieran desaparecido para siempre.

Ahora ocurre exactamente igual: da la impresión de que lo que ocurrió en las tres provincias vascas y en Navarra durante aquellos críticos años está todo ello acuñado y reseñado en la prensa de la época. Y así es en gran medida; pero ahora tenemos la versión desde dentro, no la del periodista que, a vuelapluma, da la noticia e informa al calor de lo ocurrido y con la urgencia de «llegar cuanto antes al gran público y antes que los demás medios de comunicación». Y esta decisión de Diego de rememorar —«para que se sepa y no se olvide a las víctimas, los que murieron, y sus familiares»—, aquella experiencia por él vivida, también merece el agradecimiento de los lectores porque, entre las noticias periodísticas que dieron cuenta de aquellos luctuosos hechos, introduce el autor minuciosos detalles: pinceladas biográficas del asesinado; su ilusión y esfuerzos por salir de un ambiente humilde y rural, su afán de ascender prudentemente en su escalafón...; la preparación del velatorio, la llegada de los padres del fallecido, la desesperación de la esposa, embarazada en muchos casos, y de la madre; notas referentes al ambiente vasco, posición del clero vasco (Setién) ante los crímenes de la ETA, la situación de muchos vascos contrarios a las aberraciones de la ETA pero que no se atrevían a pronunciarse... La situación de los españoles que allí habían llegado desde otras regiones también era doble: la de aquellos que habían sucumbido al populismo y a las fábulas etarras y «comprendían» y se manifestaban a favor de la barbarie justificándola con el «algo habrá hecho», y los que detestaban todo ese horror etarra pero no se atrevían a manifestar su postura.

Y como ocurría en el caso anterior, también como lectores le agradecemos esta decisión de sacar esa experiencia vivida a la luz pública en letra de molde, porque con todo ello se completa aquella labor periodística y se completa, a la vez, la página negra de la historia de España escrita por la ETA. En fin: si Diego no se hubiera decidido a recoger las historias de aquellos abnegados contrabandistas, hubieran desaparecido para siempre y hubiesen engrosado en fondo abismal del anonimato; y de la misma manera, nos quedaríamos sin conocer las «vivencias» de este testigo que, como militar, lo vivió desde dentro y cuyo nombre, además, se encontró en un listado de gente rastreada y vigilada pergeñado por la banda terrorista.

La primera parte del libro se corresponde con la primera de las estancias del autor en las provincias vascas, aunque las atrocidades de la ETA se extienden también por Navarra y se distingue por las frecuentes atrocidades de la banda criminal: el ambiente social y callejero ya daba cuenta cierta de la enrarecida realidad que por allí se vivía, pues las fiestas populares, las charangas festivas, los espectáculos deportivos, incluso, cualquier circunstancia, en fin, era ocasión para gritar «¡Que se vayan!», «¡ETA, mátalos!». Las corridas de toros eran igualmente aprovechadas para manifestarse en contra de lo español, y la llegada de Fraga a Vitoria y la de los reyes a Bilbao... Para vivir más desde dentro este ambiente hostil, el autor participaba entre el gentío como uno más... También manifestaciones de testigos presenciales de los atentados completaban ese macabro ambiente cuando apuntaban al periodista, o a cualquier informador del hecho macabro, que había oído a algún proetarra «¡ETA, remátale, que respira!», vileza mayúscula que no caía en oídos sordos, porque el sicario de turno obraba en consecuencia y disparaba al herido hasta matarlo. Ante este ambiente hostil, se erguía la rabia y el pundonor de los militares, guardias civiles y policías, no dispuestos a ceder ante la barbarie: no dejaban de ir a los lugares de ocio y esparcimiento, no de recorrer los pueblos y playas de los alrededores... Y la actividad militar, por supuesto, continuaba sin inmutarse: «Que caía uno, al instante otro ocupaba su lugar». «Día a día, se iban incrementando los atentados de la ETA, y también animaban los aplausos y apoyos a la misma por parte del pueblo vasco».

El primer atentado que recoge Diego en su libro es el ocurrido en Salvatierra (5 de octubre de 1979) en el que murieron tres jóvenes guardias civiles, dos rematados, ya heridos, a instancias de varios testigos que gritaban: «¡ETA, acábalos, que aún respiran!». En el velatorio, el autor se deja llevar por sus pensamientos y le traen recuerdos de un joven militar, paisano suyo, que ya habían matado pocos meses antes los criminales etarras. En esos momentos, los pensamientos se evaden del triste presente y se introducen por el pueblo malagueño y traen escenas llenas de vida y de candor y de ilusión de jóvenes que tienen toda la vida por delante: habían ido —el autor y Andresito— juntos a la escuela; habían correteando por las callejas y las plazas de Gaucín, y por sus alrededores buscando nidos y charcos en que bañarse desnudos a falta de bañador... Le mataron en Guecho el 22 de octubre de 1978, cuando regresaba de un partido de fútbol. Tenía 25 años y dejaba a su mujer embarazada. También se detiene Diego en reseñar la muerte en otro atentado de su paisano Antonio Moreno Núñez, ocasión en la que vuelve a dar entrada detalles biográficos del asesinado y populares de Gaucín.

Después vinieron muchos más asesinatos, de los que da cuenta Diego: del coronel Pérez Zamora y el comandante Ezquerro, del jefe de Miñones de Álava, del teniente Magín...

Un motivo añadido para la discordia fue la construcción de la central de Lemóniz: sabotajes, secuestros, asesinatos... Con su vida pagó el ingeniero jefe de la central Ryan, secuestrado por la ETA el 29 de enero de 1981. También relata Diego sus vivencias del 23 de febrero de 1981... Noche lluviosa y desapacible, en la que un conductor de autobús, que, como los demás conductores de servicio público, había recibido la orden de no circular, encontró desorientado al cabo escribiente de la compañía y lo llevó hasta las puertas del acuartelamiento...

En fin, cuando asciende a capitán, pide destino a Bilbao, plaza que le asignan y, si en la etapa anterior el autor da cumplida cuenta de ratos de esparcimiento en club, bares y playas de la comunidad, y de encuentros amenos y distendidos con paisanos y compañeros de otros destinos, ahora acude casado, por lo que aquellas experiencias se truecan por otras familiares, pero no exentas de sobresaltos. En esta segunda etapa (desde primeros de enero de 1989 hasta mediados de diciembre de 1990), más relajada que la anterior, entre otros hechos más, le resultó patético y denigrante el destrozo de la estatua del caballero legionario Juan Maderal Oleaga, héroe en la guerra de Disi-Ifni. Y, aunque aparecen, salteadas, alusiones al nefasto e incomprensible comportamiento de la iglesia vasca ante la barbarie de la ETA, en esta segunda parte se extiende en comentarios y personajes del clero vasco que, alejados del predicamento cristiano, dejan mucho que desear. Y antes de terminar estas líneas, he de resaltar el interés de Diego por dejar muy claro que el Ejército Español jamás se involucró en la luchas contra esta banda de criminales y que todo ello —toda esta experiencia vivida y sufrida haciéndose muchos nudos en la garganta— lo cuenta de una manera amena y con un lenguaje próximo y cercano.

Juan José Fernández Delgado.
Presidente del Ateneo Científico y Literario
de Toledo y su Provincia

INTRODUCCIÓN

La idea de escribir estas vivencias la tenía desde que dejé la comunidad vasca, el País Vasco, por última vez, allá por los finales del año 1990, pero por motivos de trabajo en las unidades, en que después de estas fechas estuve destinado, me lo impidió. No lo pude hacer. Cuando pasé a la reserva, le dediqué un tiempo a la equitación, mi *hobby*, el mundo del caballo, aunque soy del Arma de Infantería.

Ahora, por motivo de la dichosa pandemia que limita la movilidad, he dispuesto de tiempo para escribir este pequeño libro, que moralmente estoy obligado a hacerlo para que sepan los jóvenes la barbarie que cometió la ETA contra personas inocentes: hombres, mujeres y niños. Y en memoria de todos los que murieron en Vasconia o fuera de esa hermosa región española, asesinados por la ETA, mejor dicho por los criminales etarras, y como apoyo moral de los que quedaron inválidos o con grandes secuelas físicas o psíquicas, escribo estos relatos con la fidelidad de un notario. Todos ellos militares, guardias civiles, policías y personal civil merecen todos mis respetos y admiración por su comportamiento ante la barbarie de los terroristas. Que a unos les causó la muerte y a otros les destrozó la vida; y para que no caigan en el olvido las víctimas, ni sus familiares, a los que les debemos respeto y admiración, y muy especial a los hijos de las víctimas que han crecido sin el calor y guía de su padre y, algunos de su madre, y se han situado en la vida con ejemplaridad. Todas las víctimas del terrorismo que yo conocí eran grandes y excelentes personas y, puedo afirmar y afirmo, que a los que no conocí se incluyen también en el grupo de «buena gente»; por eso, sus hijos y demás familiares deben estar muy orgullosos de ellos. Siempre los tendré en mis recuerdos, y de una forma muy humana y personal a los padres, esposas, hijos y hermanos de los asesinados que nunca debemos olvidar, y sí apoyar en todo lo que esté a nuestro alcance.

No puedo olvidar la insistencia de mi esposa, Mercedes, para que escribiese esta impresionante experiencia, pues ella vivió también muy de cerca una parte de esta horrorosa pesadilla; también mis hermanas, María José y Ani, insistían para que no lo dejase para otro día. Agradecer los consejos, orientaciones y apoyo de mi excelente y buen amigo Juanjo, para que este pequeño libro se dé a la imprenta. Agradezco de forma muy especial al general Coloma, el epílogo de este libro. Muchas gracias mi general.

Ya veis, soy un militar que vio lo que dice porque vivió en la comunidad vasca en estos años, y sólo pretendo dejar, modestamente, constancia de ello para que no vuelva a ocurrir la misma barbarie.

Las vivencias de todos los que estuvimos destinados en el País Vasco a lo largo de los muchos años de actividad de la ETA, de una u otra manera fueron tensas, cada uno de nosotros la vivimos directamente, y cada uno las vivió también a su manera: las mías, resumidas, fueron estas.

Podría decir que he escrito este libro para todos ellos, los que murieron, y —para todos nosotros—, pero también podría decir que ellos fueron los que, verdaderamente, lo escribieron.

Melilla, a 10 de febrero de 2021

PRIMERA PARTE
1979-1980-1981

Entrega de Despachos

El día 15 de julio de 1979 en la Academia de Infantería de Toledo se celebró el acto de entrega de Despachos a los alféreces de infantería de la Escala Especial de Mando, componentes de la I Promoción, IV Convocatoria, a la que pertenezco. Día grande e inolvidable para todo militar al lograr alcanzar el grado de oficial, y más para mí que siendo casi un niño, con dieciséis años, ingresé como voluntario en el ejército, en el laureado Grupo de Fuerzas Regulares Indígenas de Infantería Tetuán n.º 1, de guarnición en Ceuta, unidad de gran prestigio militar por su valor, espíritu de sacrificio, capacidad de trabajo y disciplina, entre otras.

En el *Diario Oficial del Ejército*, que publicaba nuestro ascenso, también se nos asignaba el destino que habíamos solicitado a las distintas unidades de nuestra geografía nacional. A mí me correspondió el Regimiento de Infantería Flandes n.º 30, de guarnición en Vitoria (Álava). Estaba contento con el lugar de destino, siempre había tenido simpatía con los vascos, pues había conocido a muchos soldados del reemplazo, la mayoría muy buenos, cuando estaba en Regulares;

además, tenía algunos familiares en Vizcaya y, de pequeño, mi equipo de fútbol favorito era el Athletic Club de Bilbao, entre otras motivaciones.

Como disponía de veinte días para efectuar mi presentación en el regimiento, estuve unos días en Tenerife, donde entonces residían mis padres, y decidí incorporarme a mi nuevo destino unos días antes del día obligatorio, por lo que me presenté en Vitoria el día 2 de agosto. Este día salí con mi coche muy temprano de Madrid, donde había pernoctado, y como no había aún autovía, la velocidad de marcha la imponían los camiones, sobre todo en la subida y bajada al puerto de Somosierra. De un tirón llegué a Aranda de Duero, donde el coche se detuvo y aproveché para tomarme un café. Recuerdo perfectamente que la carretera pasaba por el centro de la ciudad y, también, partía en dos la ciudad de Burgos, pero ya no me detuve hasta Pancorbo, donde hice, como se dice, parada y fonda en el restaurante Apolinar. Pero antes de pasar al comedor, tomé una cerveza en la barra y entré en conversación con un camionero. También el camarero, se apuntó a la conversación, que transcurrió entre cosas triviales y dentro de la cordialidad. Les dije el motivo de mi viaje, se quedaron sorprendidos que yo fuera tan contento. Se miraron entre ellos y dijeron por lo bajo: «el militar no sabe dónde se va a meter». Acto seguido, y dirigiéndose a mí, me comentaron:

—Eres joven, ten mucho cuidado en Vitoria, que la cosa está mala para los militares en las Vascongadas.

—Muchas gracias por vuestra advertencia. Tendré cuidado. Los militares estamos para donde nos manden y lo que nos manden.

Y como estábamos agarrados a la conversación, entramos juntos el camionero y yo en el comedor y compartimos mesa. Me dijo que se había sacado el carnet de primera, para conducir camiones, durante su servicio militar y que su ruta habitual de transporte era Bilbao-Vitoria-Madrid y viceversa, por lo que conocía muy bien el panorama actual en las Vascongadas. Tomamos café y copa, a lo que le invité, dimos por terminada la sobremesa, pagamos y nos despedimos del camarero y cada uno continuó su rumbo: él, hacia Madrid y yo, el inverso, a Vitoria.

Crucé el paso de Pancorbo, con sus características piedras, y me introduje en tierras vascongadas y, un poco más adelante, a la izquierda, divisé el mastodóntico monumento al pastor, y a medida que la carretera se envalentonaba hacia arriba, el campo resaltaba su sábana verde-amarillenta, pues aún no habían llegado las máquinas cosechadoras de cereal que faenaban en la provincia de Burgos. Había una buena cosecha y el viento mecía las espigas que en su conjunto parecía un suave oleaje del Océano Atlántico extendido por la llanura alavesa. Este hermoso paisaje me recordaba mi primer viaje a Canarias, años atrás, en el nuevo barco de la Trasmediterránea J.J. Sister, que efectuaba su viaje inaugural y yo me incorporaba a mi primer destino en las islas. En definitiva, iba contento y con muchas ganas de trabajar nuevamente con mis soldados después de mis años de academias.

En lontananza, divisé Vitoria. Era media tarde, unos nubarrones de tormenta veraniega la cubrían. La vi un poco triste; al contrario de sus campos, que momentos antes me habían inspirado alegría. Conforme me acercaba, iba pendiente para localizar mi cuartel de destino u otro donde me pudieran informar, entonces no había GPS. Callejeé un poco con el coche sin encontrar ninguna pista, decidí preguntar por la ubicación del cuartel de infantería del Regimiento Flandes n.º 30, era un tipo mayor y me miró con cara de sorpresa cuando escuchó mi pregunta. Titubeó un poco y me respondió, secamente «no». Pensé no será de aquí, cuando ni siquiera ha intentado darme una pista. Continué y, al poco, formulé la misma pregunta a una señorita que se hallaba parada ante un paso de cebra:

—Yo no sé nada de esas gentes. Y sin más comentario, giró a la izquierda y se marchó, en definitiva me despidió con caja destemplada. En ese momento recordé las advertencias del conductor en Pancorbo. Continué mi transitar hasta que localicé a un hombre uniformado, en las proximidades de los jardines de Ajuria Enea edificio de gran prestancia, por lo que creí que era un cuartel. El uniformado resultó ser un policía municipal o un guarda de los jardines.

Vestía de azul tocado con gorra del mismo color, quedó sorprendido con mi pregunta, se retuvo un poco como pensativo y al poco me respondió:

—Aquí, en Vitoria, no hay infantería. Que yo sepa, está artillería, caballería y el CIR de Araca.

Entonces recordé que un compañero de promoción, que era de Vitoria, cuando nos despedimos en Toledo me dijo que podía estar en Abechuco el Flandes 30, por ello le pregunté si Abechuco está cerca de Araca.

—Sí.

Serio, me indicó cómo llegar. Era fácil, no hay gran distancia. Le di las gracias por su amabilidad y además entre vueltas y preguntas se avecinaba la noche. El que ignoraran la existencia del cuartel de infantería en Vitoria tenía su lógica: el regimiento había pasado hacía poco tiempo desde San Sebastián, en el que se hallaba en cuadro, a Vitoria para estar en armas.

Me dirigí al CIR —Campamento de Instrucción de Reclutas—, n.º 11, cuyo itinerario, ya fuera del casco urbano, estaba bien señalizado. En la puerta del acuartelamiento, me identifique, ante el cabo de cuarto, este se llevó mi documentación para verificarla ante el oficial de guardia y, al poco, regresó junto a un soldado de la guardia que portaba al arrastre un espejo sobre ruedas con un mango, todo de fabricación casera, para inspeccionar los bajos del vehículo. Y mientras revisaba los bajos de mi coche, el cabo me dijo que abriese las puertas, el capó y el maletero, revisó todo, y cuando terminó, mandó subir la barrera facilitando el acceso al interior del CIR. Ya dentro y a unos metros de la entrada, en la puerta del cuerpo de guardia, me esperaba el oficial, teniente de Artillería, que me recibió con una sonrisa mientras me explicaba:

—Aquí tiene que ser así el control de entrada. ¿Lo comprendes?

—Sí.

—Hace un mes entró un «comando» armado de los asesinos de la ETA y disparó, en el interior de la cantina, a un grupo de guardias civiles de la Unidad Móvil de Valencia que pernoctaban en el acuartelamiento y en aquel momento se hallaban descansando. Los guardias reaccionaron con sus armas y los etarras huyeron sin conseguir su propósito, que no era otro que realizar una escabechina. No obstante, hubo varios guardias heridos y también algún etarra, por un pequeño rastro de sangre que dejaron en su huida. El camuflaje que utilizaron para entrar fue el de «clonar» una furgoneta igual que la del panadero, que diariamente entraba dos veces por la puerta falsa, para suministrar, por la mañana, a la cocina la bollería del desayuno y el pan del día y, por la tarde, para llevar a la cantina productos de pastelería y pan para bocadillos. Cuando he dicho «clonar», así lo hicieron, matrícula, color, marca, modelo y hasta pusieron un roce que tenía el lateral izquierdo de la furgoneta blanca, del panadero. Este método no era nada novedoso. Ha sido utilizado desde siempre por los delincuentes, mafiosos y asesinos de los cinco continentes. A la vez, el exceso de confianza y la rutina del Servicio de Control de la puerta falsa, facilitó la labor criminal a los terroristas.

El oficial de guardia me invitó a café de un termo de campaña que tenía para la guardia, y me dijo que él era la máxima autoridad del acuartelamiento en aquel momento, hasta que llegasen el capitán de cuartel y los oficiales de semana al toque de retreta, las 10 de la noche. Le expuse que deseaba alojarme en la residencia de oficiales:

—Imposible. Imposible por dos razones: por estar al completo la residencia y, además, esta residencia es sólo para los oficiales del CIR por pertenecer la misma a dicha unidad.

Ante esta tesitura, le pedí que me indicara algún hotel u hostal en Vitoria:

—Los hoteles están todos completos por ser vísperas de las fiestas de la ciudad. Quizás alguna pensión...

Al final, encontré un hostal en las afueras donde pude ducharme y descansar. Pasaban las 12 de la noche.

Al día siguiente, viernes, no era laborable por lo de las fiestas de Vitoria, por ello no pude hacer la presentación en mi regimiento. Me levanté temprano, y con las indicaciones que me habían dado en Araca el día anterior, me dirigí a la residencia militar de Artillería, ubicada en la calle del hospital militar y próxima al mismo. Cuando llegué, había unos cuantos compañeros desayunando en el bar y me dirigí a una de las mesas donde se hallaban tres comensales, a los que saludé y me presenté: resultaron ser un capitán y dos tenientes de Artillería que me acogieron con sinceridad militar. Uno de los tenientes, soltero, como yo, me dijo que me enseñaría la ciudad, incluidos los «garitos». Él llevaba un año destinado allí:

—Estupendo —respondí agradecido—. Mejor cicerone que tú, nadie. Intentaré ser buen alumno.

Efectivamente, el artillero, además de ser buen compañero, era un «figura» se conocía y estaba muy bien relacionado con el ambiente nocturno de la capital y sus alrededores. Reconozco que tuve un buen maestro.

Esa mañana, hablando con el encargado de la residencia, un capitán algo mayor, que llevaba toda su vida en la plaza, me dijo que podía efectuar las comidas, pero qué habitaciones no había y, además, estaban en lista de espera varios artilleros:

—Pero yo conozco a dueños de pisos que podían alquilarse —añadió.

Pero debía esperar a que pasasen las fiestas.

—Muchas gracias por tu información. Me quedaré en el hostal mientras tanto.

Resuelto el problema de la comida y casi el del hospedaje, salí a la calle en compañía de mi nuevo amigo dispuesto a disfrutar de las fiestas. Cuando llegué, el día anterior, no sabía nada de ellas, ni de la Virgen Blanca su patrona, ni del Celedón, ni de las fanfarrias y murgas ni de los blusas, en esos tres días de asueto, me entregué completamente al ambiente festivo y disfruté intensamente de las fiestas: la bajada de Celedón, el chiquiteo en los bares, la actuación musical, entre otras, la del Grupo Mocedades en la plaza de la Virgen Blanca y el ambiente festivo que expresaban la mayoría de los participantes. Todo festivo y agradable, con una gran excepción, la mala música y peor letra de fanfarrias, murgas y blusas, donde sobresalía el machacón «que se vayan, se vayan, se vayan, que se vayan de una puta vez».

Llegué a odiar la música barriobajera y la letra envenenada y totalmente politizada; no había excepción, todos estos grupos la extendían por calles, plazas y vericuetos, tanto de día como de noche. Uno de estos días, del que «se vayan», en una parada de las murgas o blusas en la calle de San Prudencio, echando un trago de una de las botas de vino que por allí corrían, se la pasé a un murguista o blusista con acento no castellano, más bien andaluz o extremeño, —entonces el castellano/ burgalés era el que se hablaba en Vitoria—, que llevaba un bombo, le pregunté:

—Con este que se vayan, ¿os referís a que nos vayamos tú y yo?

—No, que se vaya la chacurrada. Yo soy vasco.

—Ya lo veo. El animal no es de donde nace sino donde pace —respondí lleno de coraje.

El interfecto se me quedó mirando con cara de lo que era, un ignorante, y esperando que le aclarara lo que le había dicho, pues no se había enterado. En este momento, el director tocó reunión y el cenutrio del bombo se incorporó al grupo, que inició la marcha con la música y la letra, del «que se vayan», y el auto proclamado vasco, con la maza, seguía dándole más fuerte al bombo.

Continuaban las fiestas y recorrí entre otras las calles típicas de bares baratos donde vendían bocadillos de todo tipo, la mayoría chorreando grasa. También había ensaladilla rusa, huevos fritos con patatas o pimientos y pollos refritos. Éstas eran Cuchillería, Zapatería, próximas a la catedral, popularmente conocidas las calles por la Cuchi, y la Zapa, visitadas por una clientela variopinta. Fuera de estas calles, Vitoria poseía muy buenas cafeterías, bares y restaurantes, tanto en la zona centro como el la nueva, no puedo olvidar las buenas pastelerías y las magníficas y populares bombonerías por su calidad y presentación de sus productos.

Con motivo de las fiestas, se celebraron tres corridas de toros, yo no fui a ninguna por no ser aficionado, la tarde del domingo en la que actuaban tres figuras del toreo, con el cartel colgado de no hay billetes, los etarras y proetarras montaron una gran manifestación, no contra la corrida, sino contra los españoles en general y las fuerzas del orden, policía y guardia civil, más militares, en particular, ahí, en las inmediaciones de la puerta grande y alrededores de la plaza de toros, al finalizar la corrida, oí, reiteradamente por una masa humana exaltada y enloquecida: «¡ETA mátalos!», que repetían insistentemente antes las fuerzas del orden que intentaban sofocarla, esta fue la primera vez que llegó directa y próximamente a mis oídos la tan criminal frase; despúes, tanto en Vitoria como en Bilbao, soporté cientos de veces esta cantinela, mucho más inhumana, de la que voceaba «¡Que se vayan!, ¡Que se vayan!».

El lunes, a las 7 de la mañana, salí del hostal vestido con el uniforme reglamentario para efectuar mi presentación en el regimiento. La recepcionista y algunos hospedados que se hallaban en la entrada se quedaron sorprendidos cuando les di los buenos días, pero nada más. Llegué al acuartelamiento con tiempo suficiente para desayunar y presenciar a las 8 horas el izado de bandera. Después del acto, me dirigí al edificio de la Plana Mayor Regimental para cumplir con el protocolo. Allí fui bien recibido por superiores y compañeros y me asignaron destino en la 2.ª Compañía del I Batallón. Acto seguido, me dirigí a mi nueva unidad para presentarme ante el capitán de la misma, este me reconoció como mando ante los oficiales y suboficiales de la misma. Todos eran jóvenes, incluido el capitán, excepto el teniente Manolo que era algo más mayor que los demás, aunque física y mentalmente estaba al mismo nivel.

Esa mañana la empleé en conocer las distintas dependencias del batallón y los locales y medios tácticos de la compañía, a la una fui presentado a la tropa de la misma.

Por ser el mes de agosto, teníamos horario de verano y no había actividad por las tardes, que las dedicaría para ir a las piscinas de Gamarra, a los embalses de Ullibarri-Gamboa y Urubaye.

Quería conocer los pueblos próximos a Vitoria, así lo hice. Fue un mes tranquilo en lo directamente personal, pero en lo general muy inquieto, enfadado, desorientado por no entender la barbarie de la ETA, que cada día aumentaba el número de actos criminales, de todo tipo: tiro en la nuca, ametrallamiento, coches bombas, bombas trampas, bombas lapas, lanzamientos de granadas de carga hueca y de metralla, así como otros artefacto explosivos de fabricación casera que causaban la muerte, invalidez o mutilación de inocentes hombres, mujeres, o niño, sin distinción, las que se les antojaban, y además lo «justificaban», por ser lo que a ellos, por «convencimiento» debido al adoctrinamiento marxista, unos, y a la doctrina de Sabino el fascista, otros, o por «inspiración», desde donde esté dicho xenófobo, o cualquier otro pelagatos de la tierra vasca en mensaje de Gurú, les enviaran. Y lo peor era, a mi entender, que una parte del pueblo vasco, incondicionalmente, les apoyara, y por miedo, realmente miedo, la mayoría, como pude comprobar más adelante, con sus silencios. Y todos unidos por la misma locura, apoyaban a los etarras.

Los que estaban en total desacuerdo con los asesinos, si tenían medios económicos para ello, abandonan su tierra para ponerse a salvo; los que carecían de medios o su pundonor les impedía irse pagaron, muchos, con su vida el precio de su estancia, unos, o con el muy mal llamado impuesto revolucionario, otros, y con el desprecio de sus paisanos llamándoles, entre otras lindezas, españolazos de la forma más despectiva, los restantes.

Pasadas las alegres fiestas de la Virgen de la Victoria, la Virgen Blanca, continué viviendo las noches del mes de agosto de la ciudad, seguían siendo divertidas y agradables. Conocí a noctámbulas y noctámbulos muy especiales, siendo nuestros puntos de reunión los *pubs* Cinco-Dos-Cinco-Uno, en la calle San Ildefonso, y el de La Estrella, en la de San Prudencio, desde sus entrañas nocturnas partíamos a otros lugares.

La tarde que no íbamos a la piscina o al pantano, en compañía de mi amigo Nico, que se había incorporado unos días más tarde, después de las fiestas, nos dedicamos a conocer los pueblos de los alrededores. Una tarde de este agosto llegamos a un pueblo pequeño, no recuerdo el nombre, para localizar a una señora mayor de Bergara, que nos dijeron que residía allí y hablaba vascuence, lengua que mi amigo y yo queríamos oír y conocer, pues ni en Vitoria ni en toda la provincia de Álava nadie, repito, nadie, salvo la excepción de la zona límite con Guipúzcoa, lo hablaba. No pudimos localizar a la señora de Bergara por hallarse en Iparralde con una hija, según nos dijeron unos vecinos.

Con nuestro deseo de conocer, entramos en la pequeña iglesia donde nos encontramos en la entrada, en una mesita, unos pequeños libros escritos en la lengua interesada. Una senora mayor que entraba nos dijo que estaban escrito en euskera y que el cura, que era de la zona de Donosti, lo hablaba. Que ella le avisará para que contactara con nosotros. Y así lo hizo, pues al poco, apareció el viejo cura, que nosotros saludamos casi en la posición de firmes, con unas «Buenas tardes, pater», presentándonos como lo que éramos, militares recién destinados a Vitoria. Le dijimos que deseábamos conocer la lengua vasca, y cuando el cura oyó nuestra profesión e intenciones, parece que se le había aparecido el diablo, y titubeante nos preguntó:

—¿Y esto es lo que queréis?

E inmediatamente nos dio la espalda y volvió por el camino que había venido. Ante la actitud del cura, le dije a mi amigo:

—Nuestra sinceridad nos ha llevado a actuar como pardillos. En lo sucesivo, debemos tener en cuenta dónde estamos.

No obstante, a pesar del desplante del cura, dejamos 100 pesetas cada uno en el cestillo, que estaba para el dinero, cogimos el librito escrito en euskera y salimos del pueblo sin oír el vascuence.

En estos recorridos de atardeceres, llegamos a Salvatierra, un pueblo más grande, dónde en un bar atendido por una agradable señora o señorita merendamos en más de una ocasión. Ella nos enseñó el árbol de las endrinas, que desconocíamos, situado en un lateral del patio del bar. Una de estas tardes, cuando nos hallábamos en la barra, se asomó a la puerta del bar un señor relativamente joven, y la dueña o camarera del bar que nos atendía, nos dijo: «es el cura, no sé qué querrá». Al poco rato, se asomó otra vez, nosotros le dijimos «Pase, pater, le invitamos a café».

Seguro que nos oyó, no obstante se dio la media vuelta y se marchó. Este detalle no tendría mayor importancia sino por posteriores acontecimientos. Resultó ser el entonces sacerdote Ismael Arrieta Pérez de Mendiola, el encargado de dar la información necesaria, con todo género de detalles, al comando de la ETA que llevó a cabo el atentado que costó la vida a tres guardias civiles en Salvatierra el día 5 de octubre de 1979. Posteriormente fue detenido, juzgado y condenado por ello.

Visita a Bilbao

Con la finalidad de ver a los compañeros de promoción, un domingo los tres compañeros de Vitoria decidimos visitar a los de Bilbao, pues días antes habíamos quedado por teléfono en ello. Los compañeros del Garellano nos habían hablado de un restaurante donde servían los mejores chuletones, y nos invitaban a probarlos. No fuimos por los chuletones, que soy poco comilón, sino por estar con ellos y conocer Bilbao. Salimos temprano y, en lugar de hacerlo por Altube, decidimos irnos por las carretera BI-3530 y BI-3524 con salida a Miravalle, para conocer los pequeños pueblos y el paisaje, Al pasar por uno de aquellos pueblos, —no recuerdo el nombre—, vimos la espadaña del campanario y la puerta de la iglesia engalanada y personal con vestimenta de paseo, más tres o cuatro yuntas de bueyes uncidos con sus mejores aperos, por lo que decidimos parar. Eran las 11 de la mañana e íbamos bien de tiempo. Aparcamos y le pregunté a uno de los gañanes de la yunta si iban a arrastrar piedras. Me miró y no me respondió. Pensé: Éste no debe entender el castellano o pertenece al grupo de los vascos gilipollas, el lector ya sabe a quienes me refiero. Mis amigos también habían intentado dialogar, pero con poco éxito. Nos acercamos a una caseta, luego supe que le llamaban txosna, para tomar una cerveza y la camarera me dijo que no tenían cerveza, lo que podía ser verdad, al menos no la tenían visible. Pero tenían calimocho y nos sirvió en un vaso de plástico el famoso calimocho, tan popular en las txosnas. Ya nos habíamos dado cuenta que nos habíamos metido en el hilero, como dicen los marineros, y, al poco, oí en tono bajo la palabra chacurras si, chacurras, conversación entre un chico y una chica. Pagamos la consumición, dejamos a los pueblerinos con sus fiestas y nosotros continuamos hasta Bilbao.

Llegamos a la residencia del Garellano a las 12,30, donde intercambiamos abrazos de compañeros y amigos. En el bar de la residencia tomamos la cerveza que no tenían en el pueblo. En la barra había varios compañeros más mayores que nosotros, a los que fuimos presentados por nuestros amigos, entre los que estaba el comandante Ezquerro, que lo conocía Nico de Zaragoza, y el coronel Pérez-Zamora, que le llamábamos «el Herradura», por el mero hecho de pertenecer al Arma de Caballería. Le conocí en Tenerife, cuando él era comandante y estaba destinado en el Grupo Ligero de Caballería.

En mi primer recorrido por Bilbao, pude observar varias cosas: la primera, la oscuridad de la misma ciudad debida a la poca limpieza de sus edificios, más la cantidad de pintadas alusivas a los españoles en general y a las fuerzas del orden, en particular. Al general Sáenz de Santamaría, por poner un ejemplo, lo pintaban representando su cara como la de un perro *bulldog* y otras muchas alusivas al mismo tema. Me pareció estar en Londonderry —Irlanda—, en lugar del centro de Bilbao; no obstante, también vi las buenas cafeterías, bares y restaurantes y palpé el ambiente de una gran ciudad, pese al mal que los etarras estaban haciendo al pueblo vasco.

Atentado en Salvatierra (Álava)

El día 5 de octubre de 1979, con motivo de una competición deportiva ciclista en las fiestas de Salvatierra, asesinó la ETA, en esta localidad a un cabo 1.º, un cabo y un guardia integrados en la patrulla de servicio de la Guardia Civil de Tráfico que cubría el recorrido de la competición. Con posterioridad, la Policía identificó a un cura integrante de un comando informativo que le había facilitado todo tipo de detalles sobre el punto del asesinato. ¿Pudo ser el cura que se asomó a la puerta del bar en dos ocasiones? En este acto criminal, me dijo entonces un testigo presencial que se hallaba entre el numeroso público, que oyó decir entre el gentío, cuándo el comando se retiraba y el cabo 1.º de los guardias, que tan solo había recibido un solo disparo en el brazo, por ello pudo ocultarse debajo de un coche para protegerse, sin embargo la gente allí presente empezó a gritar: «¡Está vivo, está vivo!». Los terroristas volvieron sobre sus pasos y le remataron descerrajándole veinticuatro tiros y al cabo, herido de muerte que aún respiraba, seguían gritando: «Remátalo, que todavía se mueve», ejecutando uno del comando lo que le pedían, pues el sicario se volvió y lo remató. Me pareció muy cruel, tan vil que, aún después de tantos años, me parece todavía más cruel, más despreciable. Esta información la oí también por la radio, procedente de testigos igualmente presenciales.

La muerte de los componentes de la patrulla de la Guardia Civil de Tráfico me sorprendió, primero, por haber ocurrido en Salvatierra, que consideraba una zona no muy proetarra; la segunda, por haber realizado la ETA la acción terrorista ante el público de una competición deportiva tan arraigada en el País Vasco, donde asisten mayores, mujeres, hombres, niñas y niños: estos últimos jamás olvidarán tan inhumano comportamiento. Después, vería yo muchas atrocidades cometidas por los criminales de la ETA de igual y mayor calado que la comentada, pero, por la frecuencia que la realizaban, llegué, casi, a insensibilizarme: de lo contrario, había posibilidades de que mi mente se hubiera ido al garete.

Los guardias fallecidos fueron: el cabo 1.º José Luís Vázquez Plata, natural de Ois, Coirós (La Coruña). Casado su mujer se encontraba embarazada; el cabo Avelino Palma Briao, natural de Olivenza (Badajoz). Casado y con dos hijos de 2 y 3 años, y el guardia Ángel Prado Mella, de Sobrado de los Monjes (La Coruña). Soltero. Los cuerpos de los tres fueron trasladados al Hospital Militar de Vitoria, donde les fue practicada la autopsia.

La capilla ardiente la instalaron en el Hospital Militar de la Plaza, ya apenas funcionaba como hospital, pues solo atendían a causas muy graves y a personal con lesiones leves y pequeñas consultas: los pacientes con otras lesiones o diagnósticos eran derivados al Hospital Militar de Burgos, por lo cual estaba un poco desvencijado. En este lugar, viví y vi de cerca por vez primera el verdadero dolor humano expresado por unos familiares totalmente rotos por una tragedia provocada por unos asesinos directos, los que apretaron los gatillos de sus armas y otros, iguales de asesinos, que los adoctrinaron, armaron, prepararon, apoyaron, jalearon y subvencionaron para matar a inocentes.

El gobernador militar de la Plaza estableció un turno de vela de una hora de duración y dos componentes, entre los oficiales destinados en la misma. A mí me correspondió el turno de 10 a 11 de la noche, pero poco antes me comunicaron que la vela la efectuarán solo sus compañeros de la Guardia Civil; no obstante, todo el que quisiera podíamos acompañarlos fuera de turno. A esa hora entré en la sala donde estaban terminando de instalarla: aún no habían llegado los familiares. Mientras, hablábamos con otros compañeros guardias de cómo habían llevado a cabo el atentado los terroristas, y la conversación se alargó, de modo que no recuerdo la hora en que anunciaron la llegada de los familiares más directos. Entonces, vi a personas rotas de por vida por la tragedia, unos lloraban en silencio, otros maldecían a los asesinos y todos estaban rotos por el dolor en lo más profundo de su alma y su corazón. La madre clamaba por su buen hijo, que desde niño fue ejemplar, desde que estaba en sus entrañas. Las hermanas no tenían palabras, las lágrimas y la sequedad de la boca le impedían hablar, y su mujer, la viuda, clamaba al cielo pidiendo socorro porque se quedaba sola en este mundo con unos niños muy pequeños y, además, le habían quitado el amor de su vida. Nadie hallaba el motivo por el cual los habían asesinados: era una persona buena y honrada que jamás había hecho daño a nadie; primero, se había esforzado estudiando para ingresar en la Benemérita; después, se había quitado horas de estar con la familia para preparar el curso de cabo, que le abriría las puertas para promocionar dentro del cuerpo y, tercero, había pedido voluntario al País Vasco cuando ascendió a cabo, pudiendo haber solicitado a cualquier otro lugar fuera del mismo, ya que había obtenido un buen número en el escalafón dentro de su promoción. Por todo ello y por otras muchas cosas buenas más, preguntaban entre sollozos a la divinidad constantemente: «¿por qué lo han matado?, ¿Por qué me lo han matado?, ¿Por qué lo mataron, con lo bueno que era?» No encontraban respuesta a sus lamentos. Sus lágrimas horadaban sus mejillas... y su alma.

Aquella noche recordé el clamor del poeta que decía: «Anoche mataron al caballero, la rosa de Medina, la flor de Olmedo». Aquel día habían matado en Salvatierra (Álava), a tres caballeros, sin ser de Medina ni de Olmedo. Antes de estos honorables guardias civiles, ya habían caído otros muchos caballeros: militares, guardias civiles, policías, personal civil, mujeres y niños... Pero lo más grave es que siguieron matando durante años a muchos inocentes más, porque les venía en gana, y ahora tratan de que los pongan en libertad, les regalen una paga de por vida y le aplaudamos por haber sido unos criminales a sueldo, unos verdaderos mafiosos y nazis zarrapastrosos, además de indeseables stalinistas.

Esta misma noche, ante el drama allí presente, recordé, también, a mi paisano y amigo Andresito, si, de Gaucín en la Serranía de Ronda provincia de Málaga, de mi pueblo que era el suyo; de niños habíamos ido a la misma escuela, habíamos jugado, correteado, saltado y brincado por nuestro pueblo y campos adyacentes en busca de nidos, conejeras y camas de liebres para observar a los lebratos mientras dormían o eran amamantados por sus madres, muchas veces, como niños nos habíamos bañado en cueros, en la alberca del Abedin y en las charcas del arroyo La Reta; tampoco se quedaba atrás Andresito cuando galopamos en pelo, a lomos de burros, mulos y caballos que pastaban en la dehesa, suertes y manchones.

Cuando tenía unos 10 años, se marchó junto a su familia a vivir en una huerta del río Genal, la del Tinto, como aparceros, donde tuvo que trabajar en las diversas labores agrícolas desde muy pequeño, después de finalizar el servicio militar decidió opositar para ingreso en la Guardia Civil, para ello debía trasladarse diariamente desde la huerta hasta el pueblo, después de su jornada laboral, para recibir clases nocturnas preparatorias para ingreso en la Benemérita, lo consiguió en la primera convocatoria que se presentó, un triunfo para él, y su familia, había conseguido su meta vocacional, desde pequeño tenía claro ser guardia civil como su tío paterno. Hasta aquí la satisfacción de haber alcanzado su primera meta. Pensaba seguir estudiando para efectuar el curso de cabo que lo situaría en la línea de salida para alcanzar otras metas. ¡Pero se cruzaron en su camino unos bandidos y criminales, apoyados por muchos más bandidos e iguales de criminales, que vilmente asesinaron a mi buen amigo, solamente por el hecho de ser guardia civil!

Los hechos ocurrieron así

El guardia civil Andrés Silverio Martín tenía 25 años, estaba casado y su mujer embarazada.

Esperaban a su primer hijo. Fue asesinado en Guecho (Vizcaya) el 22 de octubre de 1978, cuando regresaba de prestar un servicio de seguridad en un partido oficial de fútbol, en el campo de Gobelas. Regresaban andando en dos parejas al cuartel de Las Arenas de Guecho. Caminaba junto al sargento Luciano Mata Corral y los guardias Luís Carlos Gancedo Ron y Carlos Troncoso Currito. Todos ellos fueron ametrallados por cuatro miembros de la ETA, que estaban escondidos detrás de una tapia. Los dos guardias que iban por la acera de la derecha, el sargento Mata y el guardia Gancedo, fueron alcanzados de lleno muriendo los dos en el acto. Silverio y Troncoso, que marchaban por la otra acera fueron ametrallados a la vez. Según testigos presenciales, los autores del atentado, en el momento de iniciar la huida, hicieron otra vez uso de sus armas contra los guardias civiles que se encontraban tendidos en el suelo heridos de muerte. El armamento utilizado fueron tres subfusiles semiautomáticos, calibre 9 mm Parabellum, y una escopeta de caza, repetidora, con munición de posta. Tras el atentado los cuatro terroristas corrieron hacia el lugar donde le esperaban otros dos individuos. Los seis huyeron en dos vehículos robados , que fueron encontrados horas más tarde a pocos kilómetros de allí. Al día siguiente, ETA Militar, VIII Asamblea, asumió la autoría de los crímenes.

Las primeras personas que acudieron al lugar de los hechos encontraron muerto al sargento Luciano Mata y al guardia Luís Gancedo y heridos a los guardias Andrés Silverio y Carlos Trocoso. Andrés sangraba abundantemente de la cabeza y presentaba heridas en el codo, piernas y glúteos. Carlos, de 26 años, tenía impactos en el tórax, pierna derecha y codo. Ambos fueron trasladados al Hospital Civil de Bilbao. Carlos acabaría salvando la vida, pero Andrés entró en coma profundo y, pese a ser intervenido quirúrgicamente, falleció tres días después.

El sargento de la Guardia Civil Luciano Mata Corral, natural de Puebla de Valdavia (Palencia), tenía 58 años y le faltaban cuatro días para su pase a la situación de reserva. Estaba casado y era padre de dos hijos.

El guardia civil Luis Gancedo Ron era natural de Buyendo, Tineo (Asturias), tenía 28 años, estaba casado y era padre de dos hijos.

El guardia civil Carlos Troncoso Currito, de 26 años, casado y natural de Isla Cristina (Huelva), milagrosamente, después del brutal ametrallamiento logró sobrevivir.

Los restos mortales de Andrés fueron trasladados desde Bilbao a Gaucín el 27 de octubre.

El periódico malagueño *Sol de España*, en su edición del sábado, 28 de octubre de 1978, presentaba en la portada dos fotografías, a media página: una de la viuda y otra del traslado del féretro, y decía así:

GAUCÍN, DOLOR Y EMOCIÓN. ENTIERRO DEL GUARDIA CIVIL.

Ayer por la mañana en el pueblo de Gaucín, recibieron cristiana sepultura los restos de don Andrés Silverio Martín, guardia civil asesinado en Las Arenas (Vizcaya), el pasado domingo.

A las 11 en la Iglesia Parroquial de San Sebastián, se celebró la santa misa de *corpore insepulto,* oficiada por el obispo de la diócesis monseñor Ramón Buxarrái Ventura, ayudado por diversos sacerdotes. En la homilía, el obispo condenó el terrorismo que riega de sangre inocente las calles de España.

Tras el acto religioso, en medio de un inmenso dolor y de un respetuoso y absoluto silencio el féretro fue llevado a hombros hasta el cementerio de la localidad.

En las fotos, la viuda de don Andrés Silverio tiene que ser atendida de un profundo desmayo; en la otra, un momento de la conducción del féretro.

(Páginas centrales). En estas, además de explicar el desarrollo del acto, autoridades civiles y militares que asistieron al mismo, publican varias fotografías en la que resalta un dramático primer plano del padre y del tío de Andrés Silverio, ambos rotos de dolor.

Sepelio

A las 10,30 de la mañana, a hombros de miembros de la Guardia Civil y Policía Armada, salía el féretro de la Casa-Cuartel de Gaucín, camino de la iglesia de San Sebastián, donde se iba a celebrar una misa *corpore insepulto*. En primer lugar, diez coronas de flores. Entre ellas pudimos ver la de la 541 Comandancia de la Guardia Civil de Bilbao; seguía otra de sus amigos de Gaucín; de la Segunda Zona; de la Tercera Compañía de Ronda; 54 Comandancia de Vitoria; de la Comandancia de Logroño; de la Dirección General de la Guardia Civil y Policía Armada de Ronda. Todas ellas eran portadas por miembros de la Guardia Civil y Policía Armada. Hasta aquí el resumen del periódico.

Cientos de actos como este se desarrollaron en toda nuestra geografía nacional, en los muchos años de terror sembrado por la ETA asesinando a inocentes, dejando llenos de dolor, incertidumbre y desorientación a cientos de viudas, huérfanos a miles de hijos y sin un hijo a cientos de padres y sin un hermano a miles de hermanos y a muchos miles más, nos dejaron sin un buen amigo.

El entierro transcurrió así

El féretro fue trasladado desde Bilbao a Gaucín donde efectuaron el funeral y le dieron cristiana sepultura, durante el mismo dieron muestra de dolor familiares, amigos, vecinos del pueblo y de otros próximos y lejanos que le conocían, al igual que las autoridades civiles y militares que le acompañaban. Sus familiares clamaban al cielo y al Santo Niño Dios de Gaucín: «¿Por qué, me lo mataron, con lo bueno que era? Él no le había hecho daño a nadie. ¿Por qué tan vilmente me lo asesinaron? Deja viuda y a su hijo en el vientre de su madre. No ha podido conocerle. El niño crecerá huérfano. ¡Por Dios, por Dios, por Dios!». Los lamentos, desde la iglesia y luego desde el cementerio, ascendían a los cielos trepando por las altas piedras, tajos, hiedras, acebuches, lentiscos, cornicabras, y por las paredes verticales de la fortaleza del Castillo del Águila que desde arriba dan protección y sombra al cementerio. Más no tenían respuesta... La sinrazón no la tiene.

El pueblo de Gaucín, entre silencios entrecortados por llantos de las mujeres y lamentos de los hombres, expresan su sentimiento por la pérdida de un joven paisano, por el dolor de su familia y por ese hijo póstumo que la ETA, sin razón alguna, lo convertiría en huérfano nada más nacer; además, el pueblo de Gaucín siempre había sentido simpatía por las Vascongadas y Navarra ya que todos teníamos familiares en dichas tierras y en especial en Bilbao, Baracaldo, Portugalete y Santurce, estos tres últimos en la margen izquierda de la

Ría... No entendían los gaucineños cómo podían haber asesinado los vascos, en Guecho, en la margen derecha de la Ría, la más rica, culta y señorial, a un paisano nuestro con lo que nos unía con Vizcaya.

Y este dolor de por vida para su familia lo causaron unos vascos, muchos de ellos hijos de maquetos, que todos, vascos e hijos de maquetos, habían tenido muchos mejores medios, gracias al régimen anterior, si al de Franco, que potenció la zona industrial de las Vascongadas, económicamente, culturalmente y socialmente. Estos medios no los tuvo de niño ni de joven Andrés, y estos vascos que lo asesinaron no habían tenido capacidad intelectual para formarse cuando lo tenían todo, prefirieron engancharse y rengancharse en la mafia etarra para vivir del asesinato, la extorsión, la vagancia y el cuento en el sur de Francia, entonces su santuario.

Otros muchos, desde el interior del País Vasco, igual de culpables, ideológicamente los adoctrinaban, los instruían en el manejo de armas y explosivos, le mantenían, les daban su dinero, les protegían y les apoyaban.

¡Una tarde mataron a mi buen amigo el Caballero,
era de Gaucín y, desde Bilbao ascendió al cielo!

Como él murieron muchos, por ello vivieron, igualmente, este trágico acontecimiento en numerosas ciudades, pueblos y aldeas de toda nuestra geografía nacional; episodios como los aquí descritos, resumidamente, lo sufrieron sus familiares, amigos y paisanos.

Rememorando este sangriento atentado, observamos cómo cuatro desalmados asesinos a sueldo, en unos segundos dejaron a tres personas sin vidas, a tres mujeres viudas, a seis hijos sin padres a un séptimo lo condenan a póstumo; a tres madres y a tres padres, lo condenan al dolor de por vida por la pérdida de un hijo, y a quince hermanos a sufrimiento permanente; sin olvidarnos del guardia Troncoso, que tras una larga estancia en hospitales arrastrará secuelas del atentado durante toda su vida.

Estos etarras asesinos, escondidos como ratas detrás de la tapia a la espera del paso de los guardias, no arriesgaron nada, solo apretar el gatillo de sus armas y emprender la huida, también como ratas, como lo que eran por su cobardía: corrieron pocos metros, donde le esperaban sus compinches con los vehículos en marcha, ¡y luego, se las daban de gudaris!

Actividad militar

En el cuartel, seguíamos nuestro trabajo diario. La compañía recibió sesenta nuevos soldados procedentes del CIR, con los que completamos la plantilla, y por ello podíamos cumplimentar el programa de instrucción sin falta de personal y adecuar los locales para la ubicación de una Unidad Táctica de Infantería; a la vez, por las tardes, preparamos seis habitaciones en el viejo hospital, que sería nuestra residencia, por ello dejé el hostal y me instalé en la misma.

Mi primera guardia en el acuartelamiento del Centro de Instrucción de Reclutas n.º 11, también acuartelamiento del Regimiento de Infantería Flandes n.º 30, la tarde antes, me quedé un buen rato con el oficial de guardia para echarle una ojeada a la carpeta de normas y órdenes generales de la Guardia de Prevención. Como en todas había muchas y variadas, me detuve en las que creí más importantes, en las referentes a la seguridad del acuartelamiento. Para revisar las restantes, tenía las veinticuatro horas del día siguiente, pues, como hacía poco tiempo que había entrado el comando de la ETA, habían sido revisadas y actualizadas y estaban bien redactadas y claras. Al día siguiente, durante el relevo, observé que en el libro de arrestados solo figuraba un soldado, lo que me extrañó por ser un número considerable de personal de tropa el que había en el acuartelamiento y solo hubiese un arrestado. Además, solo figuraba la fecha de ingreso, por ello le dije al oficial saliente que se le había pasado reflejar la de salida, a lo que me respondió:

—No figura por estar pendiente de traslado, por estar relacionado con un atentado de la ETA en San Sebastián hace poco más de un mes.

Durante la mañana recorrí detenidamente el perímetro del acuartelamiento y, por la tarde, algunas dependencias comunes del mismo, entre ellas, el calabozo para inspeccionar el estado del arrestado y de la instalación, y esta estaba limpia y ordenada. El soldado se hallaba con el uniforme de faena limpio, afeitado y aseado:

—¿Necesitas algo en especial? ¿Algún libro? —le pregunté.

—No necesito nada —respondió tajante.

Insistí en la conversación y le pregunté si la comida se la servían abundante y con puntualidad, si la ropa blanca de cama la cambiaban semanalmente.

—Si. No me puedo quejar. Son puntuales —respondió correctamente en todo momento.

Estuvo correcto, al principio desde la posición de firmes y, después de la de descanso, cuando yo le dije que se pusiese cómodo, y después de unos diez minutos de conversación, di por finalizada mi visita y él soldado, nuevamente desde la posición de firmes, respondió:

—A sus órdenes. Muchas gracias, mi alférez.

Después de este rato de conversación con el soldado, presunto etarra, me preguntaba yo ¿cómo este soldado puede ser un etarra?, ¿qué comedura de coco le han debido meter para que un chico joven y de buenos modales se haya metido en una organización criminal que lo degrada como humano y, además, cavará su propia ruina? Pero, en fin, aquí así está esto.

Estamos en Vitoria en el año 1979. Así transcurrió el mes de agosto. A primeros de septiembre, me matriculé en la Escuela Oficial de Idiomas, en francés, por ser este el idioma que había cursado en el instituto y en la academia, y al ser las clases nocturnas, se acabaron las salidas los días laborables pero no la de los festivos. En la escuela había un buen ambiente estudiantil, todavía los proetarras no la habían politizado. En ella hice nuevas y buenas amistades.

A mediados de septiembre, cumplimentando el programa de instrucción, mi compañía realizó una salida Alfa —no integrada en el batallón— a la zona del Condado de Treviño (Burgos), en la que yo iba al mando, porque el capitán y el teniente habían marchado esa semana a revalidar el título de paracaidista a Alcantarilla (Murcia). La semana de instrucción táctica en el campo pasó rápida, dado las diversas actividades que realizamos y el buen ambiente entre compañeros, mandos y tropa. Al regreso, el sábado por la mañana, nos encontramos con un (parapeto en el trayecto) un corte en el itinerario que nos llevaba al cuartel: los manifestantes, habían quemado ruedas, maderas y contenedores a la ancho de la calle, donde gritaban y apedreaban a los policías, lo que me obligaron a desviarme a la izquierda para saltar el obstáculo por una calle paralela. A esto cargó la Policía y los manifestantes huyeron en nuestra dirección, de modo que se formó un tapón delante del convoy de manifestantes y policías que se movían lentamente; mientras desde balcones, ventanas y terrazas, aplaudían y jaleaban a los manifestantes e insultaban a las fuerzas del orden. A todo esto, desde una terraza arrojaron un armatoste que impactó en el suelo en el espacio que quedaba libre entre los últimos policías y la cabeza del convoy. Sonó como una bomba, pero no despidió metralla ni onda expansiva, solo una descomunal polvareda. Mi coche, como mando de la unidad, iba en cabeza. Paré y me bajé para inspeccionar el artefacto, que resultó ser una lavadora vieja de la primera generación, cuyo tambor habían utilizado como maceta; de ahí, el polvo que levantó. Retiré un poco el «arma» arrojadiza y continuamos nuestro itinerario. En este espacio de tiempo, la manifestación se había dispersado. De haber caído encima de los policías o sobre uno de nuestros vehículos, cuyo techo era de lona, habríamos sufrido un accidente muy grave.

Asesinato del coronel Pérez-Zamora
y del comandante Ezquerro

Asesinatos había a diario entonces en las Vascongadas, Pero el ocurrido el 19 de septiembre de 1979 me llenó de estupor. Habían asesinado en las proximidades de la residencia y del Regimiento Garellano al coronel de Caballería Aurelio Pérez-Zamora Cámara y al comandante de Infantería Julián Ezquerro Serrano y herido de un tiro en la espalda el soldado conductor del Land Rover que los trasladaba al Gobierno Militar, su lugar de destino. No había pasado una semana, cuando, juntos, habíamos tomado café en el bar de la residencia. El coronel de 59 años de edad, natural de Santa Cruz de Tenerife (Canarias), dejó mujer y tres hijos. Llevaba destinado en el Gobierno Militar desde el 23 de julio. El comandante de 39 años, natural de Pradejón (La Rioja), dejó mujer y cuatro hijos pequeños. Llevaba quince días destinado en el gobierno, y el soldado de reemplazo de 21 años, recibió un tiro en la espalda, salvó la vida milagrosamente, pues el vehículo que conducía quedó acribillado por múltiples proyectiles. Estos asesinatos lo cometieron los etarras por el solo motivo de ser militares, como los nazis mataban a judíos, gitanos y a otros que se le antojase por el solo hecho de serlo. ¡Y todo el pueblo alemán callaba! ¡Y todo el pueblo vasco siguió callado!

Al vehículo lo ametrallaron estando parado, cediendo el paso, cuando pretendía entrar en la avenida de Sabino Arana, a la altura del número 53, en las proximidades de la rampa elevada que da acceso a la autovía, una verdadera ratonera. Allí habían establecido el punto de muerte, en el *stop,* que luego de dejar la calle Luís Briñas, comunica con la avenida para llegar a la plaza de Zabálburu. Los terroristas se evadieron por la autovía en el vehículo que les esperaba en la entrada de la rampa. Arriesgaron muy poco, como siempre.

Patrulla de oficial

A primeros de octubre, realicé una patrulla de oficial en la zona del monte Gorbea. ¡Otra semana fuera de Vitoria! La misión consistía en actualizar sobre el plano caminos, sendas, trochas, collados, vados, puntos de aguada y de acampada principalmente. Durante estos, recorrimos la bonita y variada zona de montaña y tomé contacto directo con los habitantes de la zona rural de las Vascongadas, unos nos facilitaban información de los viejos caminos, trochas, puentes, vados y collados con toda normalidad y otros, por el contrario, ni nos oían, y la mayoría nos rehuía por temor a ser tachados de «españolazos» o franquistas: En definitiva, pasé unos días agradable en contacto con la naturaleza y con los humanos del lugar. Fue una vivencia ilustrativa para mí con respecto al personal que en ese momento residía allí, que ya estaban siendo adoctrinados. Al finalizar el trabajo de campo, tuve que realizar el de gabinete para su entrega a la Sección Topográfica de la Unidad. La patrulla fue felicitada verbalmente por el trabajo efectuado.

Visita del jefe de Miñones de Álava

Una mañana de viernes, poco después de haber finalizado el trabajo de la patrulla, sobre las 12 horas, se personó en el acuartelamiento el jefe del Cuerpo de Miñones de Álava con su uniforme reglamentario. La finalidad de la visita era la de saludar a los nuevos oficiales que habíamos sido destinados últimamente al regimiento. Y después de finalizar las actividades de la mañana, nos reunimos con él en el despacho del teniente coronel jefe del batallón, donde nos saludó y se presentó como jefe del Cuerpo de Miñones —Policía Foral— de Álava, dando su nombre y apellidos: Jesús Velasco Zuazola, y su empleo militar, comandante de Caballería en situación de destinos de especial relevancia. Coincidió que uno de los oficiales de los de allí presentes, había estado destinado con él en el Sahara, en la Agrupación de Tropas Nómadas, cuando el comandante Velasco era capitán.

La finalidad de la visita, además de conocernos, era la de exponernos algo muy importante para él y para el País Vasco: la creación de la Policía Autonómica, ya estaba próxima la autonomía y él bien lo sabía. En resumen, nos dijo que sería una Policía Especial, muy educada y bien formada, que sería tipo de la de los ingleses, querida y respetada por el pueblo. Por ello, iba a necesitar oficiales jóvenes con buena preparación cívico-militar para conseguir el fin propuesto. El tiempo de destino en la Policía Autonómica sería el que durase la formación del cuerpo hasta conseguir oficiales propios. Los militares podrían integrarse definitivamente o volver a su anterior destino, y dirigiéndose al antiguo compañero de Nómadas con una mirada cómplice, le dijo:

—Paco, tú puedes ser el futuro oficial jefe del distrito de Durango, del Duranguesado.

También nos informó que en la plantilla de la Policía Autónoma habría algunos jefes y oficiales del ejército, y él tenía probabilidades de ser uno de ellos. Se le notaba el sentimiento, el deseo y las ganas de emprender el nuevo proyecto.

El comandante ya tenía su propio historial, había ejercido un «insustituible» papel en la modernización del Cuerpo de Miñones y en su mantenimiento «como un referente de la foralidad», que sirvió de base para la creación de la actual Ertzaintza.

Finalizada la reunión, eran las dos de la tarde, le acompañamos Paco, Nico y yo al bar de mando donde tomamos unas cervezas y la conversación corrió por otros caminos: recuerdos del Sahara, de Tenerife y Las Palmas de Gran Canarias y de antiguos compañeros. Resultó ser de la promoción de mi antiguo capitán de Regulares. Habló de su mujer y sus cuatro hijas con un gran cariño, y nos ofreció su casa, y dijo que una tarde, cuando dispusiéramos, todos, de tiempo, tomaríamos café en su domicilio para que conociéramos y nos conociese su familia. Y en esa amable tertulia, nos dieron las 5 de la tarde en el cuartel, hora muy torera, Era viernes y el personal se había marchado a la una. Me llevé una grata impresión de su persona por su amabilidad, educación, iniciativa, amante de la responsabilidad y por no haber olvidado en absoluto el espíritu militar ni el de jinete ni el de nómada.

Otras vicisitudes

Día a día, iba creciendo la tensión en las Vascongadas, todavía no era Euskadi, no habían aprobado las autonomías, en el mes de agosto, habían muerto dos policías cuando intentaban quitar de un poste de la luz una bandera vasca, una ikurriña, que tenía adosada una bomba trampa. Y como ellos, habían muerto otros más en distintos puntos de la región y, al poco, legalizaron la bandera vasca, por lo que ya podía ondear en balcones, plazas y organismo oficiales del País Vasco. Uno de mis compañeros me comentó:

—Ahora se calmará la cosa.

Le respondí sin dudar:

—Querido Andrés. No te hagas ilusiones: todo seguirá igual. Ahora pedirán mil cosas más —y, lamentablemente, no me equivoqué. Es más, las cosas siguieron a peor.

Por estas fechas, se celebró en Vitoria el festival de rock, con mis compañeros de la Escuela Oficial de Idiomas asistí a varios concierto y, aunque no tengo oído para la música, lo pasé bien: había un ambiente distendido, abierto y moderno, hasta que en uno de los conciertos subió al escenario un grupo de proetarras, soltaron su espiche envenenado, quemaron una bandera española y jodieron la noche, que era lo que pretendían. Después de este espectáculo de adoctrinadores titiriteros, nos fuimos el grupo de amigos al *pub* Cinco-Dos-Cinco-Uno, para tomar un *gin tonic* y olvidar a la pandilla de descerebrados. Todos los del grupo —chicas y chicos—, unos doce, excepto yo, eran de Vitoria, y comentamos, con indignación, el sinsentido de la actuación de los salvapatrias vascos. Pedimos un segundo *ging* para cambiar de conversación y continuar la noche del sábado, pues no era plan que unos mentecatos nos la estropeasen del todo.

El lunes siguiente al del concierto, regresó de Toledo, que había estado de fin de semana, mi amigo Nico, dubitativo, pensativo y malhumorado, este día. En el trayecto desde el viejo hospital militar, nuestra residencia, hasta el CIR, no habló nada. Ésa semana nos movíamos con mi coche, lo alternábamos. Al regreso, por la tarde, Nico seguía con la misma actitud, por lo que le pregunté:

—¿Qué te pasa Nico? Algo grave debe de ser, pues tú no eres así de *callao*, ni de *reservao*. ¿Qué te ocurre, amigo Nico?

Y después de un tiempo prudencial respondió:

—La he liado, ¡y bien liada! Tengo a mi novia embarazada!

Al oírlo y comprender la causa de su seriedad, me reí a carcajadas y, como pude, le dije:

—Te pasaste de copas y de cariño el fin de carrera y estas son las consecuencias. A lo hecho pecho. Pero esto es para alegrarse y no *pa* estar como te veo, querido amigo, que parece que andas entre funerales toda la tarde. Mi más cordial enhorabuena.

Aquella noche no fui a clase de francés y, juntos, recorrimos varios bares del centro tomando unos chiquitos, oyendo las penas, alegrías y dudas de cómo resolver la situación mi amigo Nico.

Los días pasaban rápidos con nuestro trabajo diario. Para cumplimentar el programa de instrucción anual, estábamos preparando unos ejercicios tácticos de lucha de guerrilla que se realizarían en el Páramo de Masa, en la provincia de Burgos. Una de estas mañanas, estando de oficial de semana —por lo que debía estar en el acuartelamiento al toque de diana, a las 7,00 horas—, cuando me disponía a salir para coger el coche, me quedé sorprendido y preocupado al ver desde la puerta una gran nevada. Superaba los 20 centímetros. Me quedé muy sorprendido por ser a primero de octubre y muy preocupado por no poder llegar al cuartel con puntualidad, pensando en que el coche patinara. En ese momento, pasó el cabo de la guardia y le pregunté si salía algún «todoterreno» para el cuartel, me respondió:

—No, mi alférez, pero ya ha salido el panadero con la furgoneta para recoger el pan en Intendencia. Siga usted la rodada.

Y así lo hice, más, cuando el plantón de la puerta falsa me abrió el portalón, quedé admirado al comprobar que la calle estaba expedita: habían pasado las quitanieves y, gracias a ellas, llegué para presenciar la lista de diana y el desayuno de la tropa. Esa mañana comprobé el buen funcionamiento de los servicios de limpieza del ayuntamiento y lo temprano que había llegado a Vitoria el invierno ese año.

Visita a San Sebastián

Desde muy pequeño deseaba conocer esta ciudad vasca tan renombrada en los veranos por el NO-DO. Además, algunas lecturas habían caído, de pequeño, en mis manos que hablaban de los veranos en la playa de la Concha y otros lugares de allá. Por fin, iba a conocerla, pues un domingo me dirigí hacia ella con la idea de pasar el día. En la entrada, busqué la dirección centro para acercarme a la playa de la Concha, al Gobierno Militar y a los bares del casco viejo. Y cuando ya me aproximaba, el tráfico ralentizaba la marcha y, al fondo, se divisaba como una cortina de nieve que algunos coches atravesaban. Al acercarnos, oí los gritos característico de los manifestantes etarras, y lo que parecía una cortina de nieve era una densa cortina de espuma, pues los manifestantes habían vaciado varios botes de detergente en el interior de la fuente, que tenía varios surtidores, situada en la mediana de la avenida y se había formado una montaña de espuma de varios metros de anchura y altura. Un autobús que marchaba un poco más delante de mi coche, al llegar a la altura de la espuma, se paró o lo pararon y, de inmediato, un grupo de manifestantes surgió del otro lado: en segundos, bajaron los pasajeros, el conductor lo hizo por la ventana y, de forma rápida y coordinada, volcaron el autobús y la calle quedó totalmente cortada. Era la primera vez que veía un vuelco; después, vería muchos más en Bilbao incrementado con prenderles fuego con igual rapidez. Llegaron los antidisturbios y dispersaron a los manifestantes. La policía local con una grúa movió algo al autobús para que pudiésemos continuar la marcha. Un poco más adelante, donde pude, aparqué y me dirigí al Gobierno Militar para saludar al de servicio y llamar a la residencia militar para localizar a un compañero de promoción. Cuando divisé el gobierno, me pareció a los que aparecen en películas de la segunda guerra mundial: la puerta cerrada con unos caballos de frisa por delante, sacos terreros y maderas protegiendo balcones y ventanas... No me lo creía. En Vitoria no teníamos protección alguna de este tipo. Luego de identificarme, accedí al interior del edificio y converse con el oficial de servicio y con el suboficial de la guardia hasta la llegada, no tardó mucho, de mi amigo y compañero de promoción, y juntos nos marchamos a los bares de la parte vieja, donde degustamos la buena cocina de la misma y paladeamos el buen vino de la Rioja alavesa. Nuestros compañeros de servicio del gobierno nos recomendaron no visitarla por nuestra seguridad. Se lo agradecimos pero no les hicimos mucho caso. Por la tarde, recorrimos el paseo marítimo y visitamos algunas de sus buenas cafeterías y, anocheciendo, me despedí de mi amigo agradeciéndole su compañía y puse rumbo a Vitoria.

Visita del presidente de Alianza Popular a Vitoria

Al poco de mi visita a San Sebastián, anunciaron que el presidente de Alianza Popular, Fraga Iribarne, que entonces era muy impopular en Vitoria, daría un mitin en la misma. Se revolucionó la ciudad. Empezaron las algarabías callejeras, cortes de calles, quemas de neumáticos, traviesas de maderas de las vías de ferrocarril que distribuyen a lo ancho de la vía pública, vuelco de coches, apedreo y carreras de la Policía y manifestantes. Parecía que iba a llegar el mismísimo diablo, los pasquines así lo representaban. Fueron unos días de desorden total en la ciudad hasta entonces, para mí, relativamente tranquila. Y todo ello debido a que el señor Fraga, en esa época, había hecho unas declaraciones sobre la problemática de las nacionalidades históricas y el carácter de España como nación:

El concepto de nación no se puede acuñar a voluntad; no basta una particularidad lingüística, étnica o administrativa; sólo la suma de un gran territorio compacto, de tradición cultural común y con proyección universal; una viabilidad económica; una organización política global, probada por siglos de historia, solo eso constituye una nación. Y no es el momento de volver sobre el hecho indiscutible de que nación y nacionalidad es lo mismo.

Otras vivencias

A la semana siguiente, salimos para el Páramo lloviendo y con mucho frío. No nevó durante toda la semana, pero no dejó de llover en estos días de campo y las botas triplican su peso con el barro. Por debajo de las tiendas de campaña, corría el agua como si estuvieran instaladas en un arroyuelo: habíamos salido del cuartel mojados y regresamos chorreando y embarrados, eso sí, contentos por haber efectuado los ejercicios de lucha de guerrilla sin novedad.

La ETA seguía matando, extorsionando y dejando mutilados e inválidos físicos y psíquicos diariamente con ametrallamientos, lanzamiento de granadas, coches bombas, bombas lapas, trampas explosivas y todo lo que pudiera causar el mayor daño posible a las fuerzas del orden, militares y algún personal civil que acusaban de colaboradores de los anteriores: en definitiva, su idea era extender el terror para cumplimentar la idea fuerza de todos los grupos mafiosos, pues mientras peor, mejor.

Después de estos ejercicios, Nico marchó de fin de semana nuevamente a Toledo. Regresó el lunes con las ideas ya claras: había decidido casarse en el mes de diciembre y, quizás porque se sentía próximamente padre y marido, casi todas las mañanas, cuando nos dirigimos al cuartel, me decía:

—Si tenemos un atentado en el que yo muero y tú vives, dile a mi novia que la quiero mucho y a mi hijo, cuando sea mayor, háblale de mí. Esto te encomiendo. Además recuerda también, si no muero en el atentado, decirle a los sanitarios que soy alérgico a la penicilina.

—A las tonterías es a lo que eres alérgico —le respondí—. La ETA no tiene cojones de matarnos a nosotros.

Esta era nuestra conversación mañanera, de cada mañana; por las noches cuando recorríamos las cafeterías, *pubs* y discotecas de Vitoria, entre ellas El Elefante Blanco, se le olvidaba todo mientras disfrutamos de las activas noches alavesas.

Llegadas las fechas de evaluación de las pruebas físicas anuales, las realizamos en las instalaciones deportivas del CIR, excepto las de resistencia —6 ó 12 kilómetros—, según edad, que las efectuamos alrededor del perímetro del viejo campo de aviación de Vitoria, vigilado por una patrulla móvil de la Policía Militar. Todo el contorno muy vigilado porque unos días antes se habían recibido llamadas anónimas en el Gobierno Militar avisando que sufriríamos un atentado si los militares lo utilizábamos para dicho fin. Como no podía ser de otra manera, lo utilizamos con toda tranquilidad y sin novedad.

El portero proetarra

Una noche de sábado lluvioso, ventoso y frío, salí de la residencia para tomar algo caliente y me acordé de la churrería-chocolatería la Anduriña, próxima al paso subterráneo del ferrocarril, no lejos de la residencia. Y después de tomar chocolate y churros, dado que era temprano y el frío no invitaba a pasear, decidí entrar en la sala de Bingo que estaba más en el centro. No era ni soy aficionado a los juegos de azar, pero aquella noche, por pasar un rato lo hice. Cuando llegué al hall, estaban cantando números, por lo que esperé a que finalizara la jugada. Cuando terminó, el portero solicitó mi documentación, se la mostré, la leyó y de repente me dice:

—Tú no puedes entrar aquí.

—Cuál es el motivo —le pregunté creyendo que bromeaba.

—Tú eres militar. Aquí pone profesión militar, y los militares no pueden entrar aquí.

—Será porque tú lo digas —le respondí serio y malhumorado.

—Sí, por eso, porque lo digo yo —me respondió poniéndose gallito.

Yo, con intención, alcé el tono de voz encarándome con él y, mientras corría el tiempo de la discusión, habían reanudado el juego y nuestras voces se oían en el interior, que era lo que yo pretendía ante la actitud del portero. Al momento, salió del interior el jefe de sala al que le expliqué la situación, se disculpó, reprendió al portero y esperó a que finalizara la jugada para que entrase y así lo hice. En aquel momento pensé, y todavía sigo pensando que el portero era tonto, estaba fumado, era proetarra, o las tres cosas a la vez. La verdad era que en aquellos años, muchos descerebrados se erigían en juez y verdugo en el momento y lugar que les apetecía.

Los días iban pasando y el volumen del vientre de la novia de Nico iba aumentando, por ello le urgía casarse, para contraer matrimonio, Nico había pensado, dadas las circunstancias, invitar solamente a la familia pero no disponía de dinero, por ello pidió un préstamo al Banco Atlántico, que le exigió, a su vez, un aval, y recurrió a mí:

—Te avalo para eso y para lo que quieras y necesites, amigo Nico. Para eso estamos los amigos.

Él quedó con el banco para firmar el lunes a las 10,30 de la mañana, hora de nuestro descanso. Por ello nos dirigimos a la entidad bancaria vestidos de uniforme de faena a la hora prevista, por disponer de pocos minutos para firmar. Dejó su coche aparcado próximo a la puerta con las ventanas bajadas, y aunque tardamos unos cuantos minutos, cuando salimos, el coche había desaparecido. Creíamos que lo habían robado, pero una señora nos informó que acababa de retirarlo la Policía para llevarlo al depósito municipal. Cogimos un taxi y nos dirigimos nuevamente al acuartelamiento para la formación de las 11 horas, llegamos dos minutos antes. Por la tarde, con mi coche. Nos dirigimos al depósito municipal para retirar el vehículo previo pago del importe de la grúa. Cuando nos lo iban a entregar, le comunicaron a Nico que no podían hacerlo por no ser él el titular, que podría tratarse de un coche robado, ¡lo que nos faltaba por oír! Le explicó que el Seat 850, matrícula de Murcia, era de su padre, el encargado de la entrega le dijo que enseñara la autorización de su padre, le respondió que no la tenía por ignorar que fuese necesaria, le respondió que así eran las normas que ellos tenían. En ese momento de la absurda conversación, le dije a Nico:

—Vámonos, que aquí no hacemos nada.

Y así lo hicimos. Entonces nos acordamos del jefe de los Miñones que nos había dejado su número de teléfono el día que estuvo en el cuartel. Lo llamamos y nos dijo que pasáramos por su despacho, que intentaría resolver el problema. Nos recibió con agrado, hizo un par de llamadas y dio por resuelto la entrega del coche. Entre las llamadas, hablamos un rato centrando la conversación en el proyecto de creación de la Policía vasca. Estaba muy ilusionado, aunque nos dijo que no era, al cien por cien, cierto que lo pudiesen elegir a él.

—¡Hay muchos intereses de por medio! —dijo con tono de lamento.

Nos despedimos agradeciéndole su amabilidad y atención con nosotros.

A últimos de noviembre, el regimiento realizó ejercicios tácticos Beta, de Batallón y Gamma, de Brigada, nuevamente en el Páramo de Masa, durante doce días, en los que llovió y nevó con ganas. Los compañeros más veteranos repetían que no habían visto un invierno tan lluvioso y frío. Como siempre, los realizamos con gran interés y precaución, sobre todo el pasillo de fuego a nivel de compañía y el ejercicio de asalto a una posición con fuego real. Sin ocurrir ningún percance digno de mención, regresamos a la Base de Araca el 30 de dicho mes, sin novedad.

El día de nuestra patrona

Ya se acercaba el día de la Virgen Inmaculada, patrona de la Infantería Española, 8 de diciembre, nuestra patrona, los dos oficiales le propusimos al capitán de la compañía organizar algunas actividades deportivas y otras festivas para la tropa. Nos respondió que la iban a organizar a nivel batallón, que nosotros no nos preocupáramos del tema. Pero... No sé por qué motivo no hubo actividades deportivas ni juegos cuarteleros: todo se redujo una misa de campaña que una vez finalizada, tocaron marcha y no quedó casi nadie en la base, excepto el teniente Luís de la S-1 Regimental, un capitán de Intendencia del CIR, no recuerdo como se llamaba, pero era un joven gallego, y yo, y nos dirigimos al bar para tomar un café. Era un día frío. Mientras tomamos café, comentamos que por ser el día de la Inmaculada debíamos celebrarlo, al menos, con una buena comida:

—Pues vamos a comer al restaurante del Pantano —propuse yo mismo.

Y así lo hicimos, directamente desde el cuartel nos fuimos al restaurante, a cuyo *maître* yo conocía y a algunos de los camareros. Cuando nos vieron de uniforme, se quedaron sorprendidos, como la mayoría de los comensales allí presentes, Nos asignaron una mesa con vistas al pantano, pero desenfilada de la puerta de entrada. Comimos estupendamente, tomamos café y copa, pagamos, dimos las gracias por el buen servicio y nos marchamos. Nadie en el restaurante manifiesta animadversión hacia nosotros. Pasado unos días, volví al restaurante para cenar, y el *maître* y el camarero que nos sirvió me dijeron que pasaron un mal rato el día de la Inmaculada cuando comimos con uniforme militar en el restaurante por temor a la llegada de algún comando etarra. Les contesté que no disponían de tiempo para reaccionar, ellos me respondieron:

—Sí, pero aquí podía haber chivatos.

Por la noche, salimos el teniente de mi compañía, Manolo y yo a dar un paseo y tomar unas cervezas y después, poco antes de las 12 de la noche, tomando un *whisky* en el *pub* de la calle José Mardones, me dice mi buen compañero y amigo: «¿Dónde debe estar el oficial?». Yo desconocía a qué venía aquella pregunta. Me quedé un momento pensativo y le respondí:

—Dada la hora que es y como mañana tenemos que madrugar, debe de estar en la residencia durmiendo.

—Te hablo en serio, me refiero en combate —me respondió sonriendo.

—En el sitio de mayor riesgo y peligro —le respondí—, según las Reales Ordenanzas de Carlos III.

—Vitoria no reúne esas dos condiciones. Sí San Sebastián y Bilbao. ¿Por qué no pedimos destino a ellas? Como vimos el otro día, han salido las vacantes de la Policía Militar de ambas plazas, en la primera de sección y en la segunda de Compañía.

—No es mala idea —contesté—. En ellas efectivamente, se dan las dos condiciones, así que no hay que pensarlo más, tú pides Bilbao y yo San Sebastián. Las dos ciudades tienen ambiente de capital, y para mí la segunda junto a Santander es la más bonita de España.

Le ofrecí tabaco negro, marca Coronas, que me habían enviado de Tenerife y era el tabaco preferido por los dos. Pedimos otro *whisky* para despedir el día de nuestra patrona y, al rato, nos marchamos a la residencia.

Petición de vacante

A la mañana siguiente después de gimnasia, me preguntó si ya había rellenado la instancia de petición de vacante.

—Sí —le respondí—. Al terminar la instrucción de combate, la entrego en Mayoría Regimental para su curso.

—Es mejor que esperes un poco —me pidió—. Sabes que estoy pendiente de una información sobre las viviendas militares de San Sebastián y Bilbao, y cuando llegue, si no te importa, te digo.

Y una vez obtenida ésta información, me dijo:

—Si no te importa, yo pido la primera y tú la segunda, por haber pabellones militares libres en San Sebastián y por ser yo familia numerosa, me lo darán nada más incorporarme.

—Por mi parte no hay inconveniente —respondí rápido—. Relleno nuevamente la papeleta y donde había puesto San Sebastián pongo Bilbao. Así pues, al finalizar las actividades de la mañana, entregamos nuestras papeletas de petición de destino y la suerte estaba echada.

Nuestros compañeros se quedaron extrañados por haber pedido destinos a San Sebastián y Bilbao, creían que los dos oficiales de la compañía habíamos tenido algún rifirrafe con el capitán.

—Nada de eso —respondimos casi a dúo.

Nos llevábamos muy bien con él, como verdaderamente era. El coronel, preocupado, quiso saber el motivo de mi petición de destino y me dijo que aún estaba a tiempo de retirar la solicitud. Yo le respondí con el corazón en la mano que estaba muy interesado en participar en la creación de la compañía de la Policía Militar de Bilbao dado las circunstancias y el momento, que no tenía queja alguna del regimiento, que había disfrutado en este período del excelente personal, tanto de mandos como de tropas y le agradecí su atención.

Después del día de nuestra patrona, la Virgen Inmaculada Concepción, el programa de instrucción, dada la proximidad de las navidades, se orientó hacia actividades deportivas y mantenimiento de armamento y material, equipo de campaña, vehículos y herramientas. Estando la mañana del día 21, en el campo de tiro seleccionando a tiradores de fusil —Cetme— para formar la Patrulla de Tiro Regimental, se presentó en el mismo el brigada auxiliar de la compañía para distribuir los bocadillos y refrescos e informarme de que en el *Diario Oficial* del día anterior había salido destinado a la Compañía de Policía Militar n.º 64 de Bilbao, debiendo efectuar mi presentación en la misma con carácter urgente. Lo cierto es que estaba motivado para entrenar a la patrulla, pero lo estaba más en estar destinado en Bilbao. El mismo día me comunicaron por escrito mi nuevo destino, y al siguiente, por la mañana efectué mí despedida del regimiento. Siempre que me he despedido de una unidad, que a lo largo de los años de actividad ha sido de varias, lo he hecho con nostalgia por lo que dejaba, y a la vez, con gran deseo de emprender una nueva etapa. En el Flandes n.º 30, dejé un personal de tropa excelente, unos suboficiales y oficiales, la mayoría jóvenes que apoyados por los mayores, que formábamos un binomio especial, y unos jefes veteranos con mucha experiencia y ganas de tener un buen regimiento. Pero, a veces, las circunstancias del terrorismo les exaltaba, con razón, dejándolas entrever en sus alocuciones cuando se celebraba algún acto castrense.

Incorporación a Bilbao

El día 22 de diciembre, a las 3 de la tarde, emprendí la marcha a Bilbao. Amenazaba la nieve por todas partes. Poco después de la salida, se presentó una nieve fina, no muy copiosa, pero en la bajada de Altube arreció y el limpiaparabrisas casi no se hacía con ella. Yo iba disfrutando de la conducción, pero en el cristal trasero se acumuló la nieve, lo que impedía ver por el retrovisor interior; por ello, activé la resistencia eléctrica y, al poco, oí un chasquido que me dijo que el cristal trasero se había resquebrajado por la diferencia térmica. Menos mal que no soy supersticioso; de lo contrario, hubiera pensado que entraba con mal pie en Bilbao, adonde llegué a las 5 de la tarde, y fui directamente a la residencia militar del Garellano, en la calle Luis Briñas, junto al regimiento. Aquí no tuve problema de alojamiento: había habitaciones, es más dada la fecha y las circunstancias, estaba casi vacía.

Al siguiente día, a las 9,00 horas, hice mi presentación en el Gobierno Militar de la plaza ante el coronel secretario del general gobernador militar, quien me informó de que la compañía se había empezado a organizar y ya realizaba servicios asignados, dadas las circunstancias especiales de Bilbao, con personal agregado del regimiento Garellano y del grupo de artillería de Munguía, y estaba alojada en el antiguo convento de las monjas del viejo hospital militar, comunicado directamente con el edificio donde nos hallábamos. Acto seguido me dirigí a la misma presentándome al capitán, que me recibió con los brazos abiertos por dos motivos: no creía que la incorporación la hiciese tan inmediata y por no tener oficiales agregados para sustituirlo en el mando para poder marcharse de permiso de Navidad. Después de una larga conversación sobre la situación en que nos encontrábamos y los servicios que prestaba la unidad, me presentó ante la tropa y a los tres suboficiales agregados. A continuación, me entregó la compañía y nos desplazamos al despacho del general para efectuar mi presentación ante él, darles novedades del relevo y despedirse el capitán.

El día 24, lo pasé hasta las 8 de la noche en la compañía recorriendo las instalaciones de la misma y el perímetro interior y exterior del Gobierno Militar de Bilbao. A dicha hora, me desplace a la residencia militar, donde me informaron que la cena de Navidad sería a las 11 de la noche para hacerla más acogedora. Como disponía de tiempo, salí para conocer las proximidades, bajé por la calle Luis Briñas, la de la residencia, hasta llegar a las inmediaciones del campo de fútbol: La catedral. No sabía que estaba tan cerca del acuartelamiento. Me sorprendió y recordé las victorias del Athletic que yo celebraba cuando era muy joven. Me desplacé a la derecha, sin rumbo fijo, adentrándome en el barrio próximo, donde descubrí que había unos acogedores *pubs,* decorados al estilo inglés, que unido a la construcción de sus viviendas y calles me pareció un barrio londinense. Se hizo la hora de la cena, volví a la residencia, hallé una mesa preparada para la ocasión solo para cinco comensales.

—¿Tan pocos somos? —me pregunté. ¡Y tan pocos fuimos!

En la barra del bar, se hallaban un teniente coronel y un teniente que estaban tan solos como yo. Los había conocido el día anterior y les dije que faltaban dos para completar la mesa. Pedimos una cerveza en la barra en espera de los que faltaban. Al poco llegaron dos señores, uno mayor y otro joven y fuimos presentados por el teniente coronel. Resultaron ser un teniente retirado y su sobrino. Los cinco ocupamos nuestros asientos y procedimos a cenar. Y la cena transcurrió con una conversación fluida, amena y, aunque estábamos lejos de la novia y de la familia, no tuvimos gran nostalgia. Y finalizada, nos despedimos sin que el reloj hubiera contado las 12, por lo que decidí dar un paseo creyendo que algunos bares estarían abiertos. Y con esa ilusión, llegué hasta la plaza Zabalburu y desde ésta a la de Moyúa. Pero todo estaba cerrado y las calles estaban solitarias, así que no quedó más remedio que regresar pasando por el barrio «londinense», donde había dos *pubs* abiertos con muy poca clientela. Pedí un *whisky* que me sirvió un uniformado camarero a estilo inglés que correctamente se retiró a la esquina de la barra cuando me lo sirvió, alargué la consumición fumando y oyendo el tintineo del hielo y, a las dos de la mañana me retiré a la residencia, que estaba próxima.

Desde el día 24 hasta el 8 de enero, por las vacaciones de Navidad, las unidades de la plaza estaban al 50%, por ello el horario era desde las 8,00 a las 14,00 horas. En estos días, disponía de las tardes libres y me dediqué a recorrer con un plano de calles la ciudad, a pie y en autobús, por si en algún momento teníamos que prestar algún servicio puntual.

El día 31, Nochevieja, la cena fue similar a la del 24, complementada con las doce uvas y las campanadas de la televisión. Los comensales éramos cinco con la variante que el teniente coronel había sido relevado por un comandante y el teniente por un capitán. Tomadas las doce uvas, nos deseamos feliz año nuevo. ¡Bien que lo necesitábamos! Nos despedimos y yo salí de la residencia para darme una vuelta por Bilbao que a diferencia de la noche de Navidad a partir de la 1,00 horas, la noche empezó a tener movimiento y en la barra del bar de Hotel Ercilla entablé conversación con dos chicas que se hallaban dispuestas a pasarlo bien la noche de fin de año. Las acompañé a varios locales que yo no conocía, de madrugada nos trasladamos a Deusto y, ya amaneciendo, terminamos tomando chocolate con churros en la parte vieja. Pasamos una excelente noche.

Después de las vacaciones de Navidad, la residencia recobró su actividad: todas las habitaciones estaban ocupadas, y en las horas del desayuno y durante la primera y segunda comida, se llenaban las mesas del comedor y la barra del bar, con lo que el ambiente de soledad desapareció. La causa de ocupar la residencia en su totalidad estuvo motivada porque muchos de los compañeros, jóvenes, que llevaban algún tiempo destinados y viviendo en pisos en Bilbao, muchos con la idea de establecerse en él, cambiaron de opinión, dado que el terror crecía día a día, y optaron por alejar a su familia de Bilbao definitivamente, aprovechando las vacaciones navideñas.

El día 9 de enero, se incorpora el personal que estaba de permiso y se presentó en la unidad el teniente Quintero, que había salido destinado conmigo. En el *Diario Oficial*, donde se publicaron las vacantes de la compañía, habían salido una de capitán EA y dos de teniente o alférez de la EEM o E. Aux. La de capitán quedó desierta. El teniente E. Aux., a primero de febrero, se marchó para efectuar el curso de capitán, por lo que me quedé nuevamente al mando de la compañía, mando que ostenté hasta el mes de noviembre, que mandaron forzoso a un capitán de caballería.

Asesinato del jefe de Miñones de Álava

El día 10 de enero de 1980, la ETA asesina en Vitoria al comandante de Caballería Jesús Velasco Zuazola, jefe del Cuerpo de Miñones de Álava —Policía Foral—, a las 8,55 horas de la mañana, en la calle de la Magdalena, en presencia de dos de sus hijas, Begoña de 16 años e Inés de 12, acompañadas de otras dos amigas de su edad. Le dispararon diez proyectiles de calibre 9 mm Parabellum, munición empleada habitualmente por la ETA en este tipo de atentados. Su muerte fue instantánea.

Eran las 9,15 horas de la mañana cuando tomaba un café en la barra del pequeño bar de la compañía, recién finalizada la instrucción física, cuando oí por la radio la noticia de la muerte del comandante Velasco. Hacía unos días que me había venido de Vitoria y menos de un mes que nos habíamos saludado en la calle, concretamente, en la plaza de la virgen Blanca, donde, en una cafetería próxima tomamos café en compañía de su esposa, Ana María Vidal-Abarca López, todo una señora por su porte y educación. Por desgracia, en estas fechas, un día sí y otro también, había asesinatos cometidos por la ETA, en las personas de militares, guardias civiles, policías y algún paisano, a los que les apetecía asesinar después de haberles colgado la etiqueta de colaborador de los guardias o de los policías. Además, para más inri, le agregaban otra de «Chivato». Por ello, al empezar a oír la noticia no le presté atención especial, por ser información diaria. Pero... Cuando oí «Velasco», dejé de tomar el café... Habían asesinado a un compañero que, aunque no lo conocía de antiguo, sí había hablado con él en varias ocasiones, hacía muy poco tiempo, la última; además, me había llevado un extraordinario aprecio de su persona, como ya he apuntado en páginas anteriores. Indudablemente, cuando asesinaban a algún inocente, lo sentía y me indignaba, pero cuando el asesinado era un conocido, todo resultaba mucho más duro. Así fue como recibí la noticia de la muerte del comandante de caballería, antiguo oficial de la Agrupación de Tropas Nómadas del Sahara y jefe de los Miñones de Álava, cuando la vil calaña de la ETA le segó la vida. Con posterioridad a esta tragedia, Ana María, su viuda, fue cofundadora de la Asociación de Víctimas del Terrorismo y su presidenta.

Nuevas incorporaciones

A mediados de enero, fueron destinados dos sargentos y ochenta y seis soldados. A final de mes, se licenciaron los soldados agregados y dos de los sargentos se reincorporaron al regimiento, el tercero era uno de los dos destinados.

El trabajo que realizaron los agregados, desde el capitán hasta el soldado más moderno, fue extraordinario, resaltando la disciplina, el manejo del armamento y la total disposición para realizar el servicio que se le ordenase en todo momento. Para completar la plantilla, a primeros de abril, fue destinado a la compañía el brigada Jesús.

Se incorporó a mediados de mes procedente de Palma de Mallorca. Era antiguo en el empleo. En su presentación, me dijo su nombre y apellidos, como es reglamentario, y, además, el apodo por el que se le conocía. Entonces recordé que nos habíamos visto en Las Palmas de Gran Canarias hacía algún tiempo. *A priori,* no lo conocí. Había envejecido demasiado en poco tiempo. Me informó de que él era el cabo 1.º jefe del Pelotón de Ametralladoras de la sección del teniente Ortiz de Zárate, que quedaron rodeados cuando la guerra de Ifni, donde murió el teniente y varios caballeros legionarios paracaidistas. También me dijo que estuvo prisionero en Guinea después de haber sido concedida la independencia por España, pero lo que le había traído a Bilbao era vengar la muerte de su hermano, que lo había asesinado la ETA.

—Mi hermano era Antonio López Carrera, el cartero de Sondica, apodado Gento. Lo asesinó la ETA el día 16 de agosto de 1979, dijeron los etarras, por haber pertenecido a la guardia de Franco.

—Muy bien, Jesús —le respondí—, pero aquí tenemos mucho trabajo y, en cuanto te presente a la compañía, inicia el relevo de la auxiliaría con el sargento que está haciendo ahora triple función: la de auxiliar, la de jefe de pelotón y, a veces, la de jefes de sección.

El brigada y después subteniente Jesús estuvo en la compañía hasta que pasó voluntario a la reserva transitoria. Se quedó a vivir en Bilbao, no vengó la muerte de su hermano y murió de un infarto, pero nunca le temió a la ETA.

El sargento Enrique era el que estaba de auxiliar de la compañía hasta la incorporación del brigada. Este extraordinario sargento poseía una gran capacidad de trabajo y una entrega total a la profesión. Había estado destinado en la COE de Bilbao y en el Garellano. Había nacido y se había criado en Francia, aunque sus padres eran españoles. Hablaba correctamente el castellano y el francés. Cuando años más tarde regresé a Bilbao, me interesé por él, y me informaron de que se hallaba destinado a la agregaduría militar de España en París.

Las misiones encomendadas a las compañías de Policía Militar son amplias y variadas, siempre relacionadas con la seguridad y control de personal, medios e instalaciones militares. Concretamente a la de Bilbao le correspondía, principalmente, la seguridad del edificio e instalaciones del Gobierno Militar, controlar la entrada y salida del mismo de todo el personal que accedía a su interior, escoltar y proteger a los vehículos militares que transportaban personal o carga por la provincia de Vizcaya que carecían de escolta propia, jalonar y guiar a unidades tácticas que atravesaban Bilbao en sus desplazamientos de instrucción, la mayoría de las veces a Cabo Villano y Punta Galea, a unidades de Artillería, o a otros puntos por motivos de transporte de variadas cargas, a las unidades de transporte, corregir o hacerse cargo de todo militar que cometiera alguna infracción fuera del acuartelamiento o socorrerlo si necesitaba ayuda. Además de cumplimentar la compañía el programa de instrucción y adiestramiento diario.

A partir de aquí, me referiré más concretamente a mis relaciones con los habitantes de las Vascongadas por las zonas que yo transitaba, unas relacionadas con el servicio y otras fuera de él.

Una vez recorrido Bilbao, los días que no tuvimos actividad por las tardes los dediqué a visitar con mi coche los fines de semana las ciudades y pueblos de las márgenes de la ría, aprovechando, a la vez, para ver a muchos de mis amigos —paisanos— que marcharon de Gaucín cuando éramos niños, en la segunda mitad de los años 50. La mayoría vivía en Santurce, Portugalete y Baracaldo, lugar, éste, en que residían mis primos.

Siempre es gratificante ver a amigos de la infancia y, por supuesto, a tus primos. Como es lógico, ninguno nos reconocíamos, pero en cuanto dábamos nuestros nombres exclamamos ¡Si eres Antoñito, Dieguito o Periquito! E inmediatamente empezábamos a recordar las aventuras de nuestra niñez, allá por tierras andaluzas. Algunos, por referencia de mis primos, sabían que yo era militar, la mayoría no y, al decírselo, quedaban un poco desorientados y extrañados por mi lugar de destino, y más cuando les decía que era voluntario. Cuando se alargaba la conversación, normalmente durante el «chiquiteo», surgía la pregunta:

—¿Y tú por qué estás aquí...?

—Porque he pedido destino y me lo han concedido —les respondía.

—¿Seguro que ganarás mucha pasta, porque...?

—¡Siempre el vil metal! —respondía—. No, no gano más dinero.

—¿Pero te valdrá para ascender antes? —continuaban preguntando.

—Tampoco me vale. Mi estancia aquí no me sirve para promocionar.

—¡Entonces no te entiendo!

Este interrogatorio me lo hicieron mis paisanos muchas veces, sobre todo los mayores que me conocían desde niño, cuando les visité a muchos en sus domicilios.

La central nuclear de Lemóniz

La hoy abandonada y desvalijada central se halla situada en las proximidades de la sinuosa carretera que va desde Baquio a Armincha, en la zona de la cala de Basorda, empezó a edificarse en el año 1972 como parte del proyecto eléctrico nacional que pretendía independizar el consumo eléctrico del País Vasco dado su potencial industrial.

Desde sus comienzos surgieron grupos en las Vascongadas para su paralización que no tuvieron apenas éxito; sin embargo, consiguieron un gran apoyo social, logrando que una parte de los vascos se mostraran en contra de la central nuclear. Ante esta situación, aparece la ETA y hace suya la protesta realizando una serie de atentados contra las diversas instalaciones de Iberduero. La irrupción de la ETA en la causa antinuclear divide a este movimiento, pues una parte se desmoviliza y otra, se radicaliza junto a los etarras.

El 4 de diciembre de 1977 los etarras ametrallaron el puesto de control de la Guardia Civil que controlaba el acceso a las instalaciones.

El 17 de marzo de 1978 la ETA coloca unas potentes cargas explosivas, adosadas, en el reactor principal de la misma, causando la muerte de los operarios Andrés Guerra Pereda y Alberto Negro Viguera y dejó a catorce trabajadores heridos varios de ellos de gravedad.

El 13 de junio de 1979 nuevamente la ETA coloca otra carga explosiva en el interior de las obras de la central, en la zona de turbinas. La explosión causó la muerte del obrero Ángel Baños Espada.

A estos atentados siguieron durante años una serie de ellos, más una continua cadena de sabotajes llevada a cabo por los propios trabajadores proetarras, más el secuestro y asesinato del ingeniero Ryan, y el atentado el día 5 de mayo de 1982 que le costó la vida al también ingeniero Ángel Pascual Múgica, sucesor del primero como jefe de proyectos en la dirección de las obras de la central.

Los explosivos colocados y los continuos sabotajes de los trabajadores retrasaron las obras y encarecieron el proyecto. La central fue construida por la empresa eléctrica Iberduero SA (actual Iberdrola), cuando las obras finalizaron y se disponía a su puesta en funcionamiento —solo faltaba el combustible nuclear— fue paralizada y más tarde desmantelada. La paralización definitiva de Lemóniz fue debida a las protestas de las organizaciones antinucleares que surgieron a nivel mundial, en contra de la energía nuclear en cualquier punto del planeta tierra.

La llegada al poder del PSOE, firmó la «muerte» de la central en el año 1984, tras el compromiso de compensación de Felipe González con Iberduero, por un importe de 999.960 millones de pesetas de entonces, —equivalentes a unos 6.000 millones de euros actuales— pagados por todos los españoles a través de la factura de la luz durante años.

En definitiva, la central no llegó a ser puesta en funcionamiento debido a la moratoria nuclear aprobada por el gobierno socialista y no por la intervención criminal de la ETA que costó la vida de cinco personas trabajadoras, la mutilación de un inocente y secuelas psicofísicas en muchos trabajadores, no proetarras, de la central.

Murieron y quedaron inválidos muchos más, en atentados directos, por el solo hecho de ser trabajadores de Iberduero y otros, de esta empresa, tuvieron que abandonar el País Vasco por estar amenazados de muerte por la ETA, como fue el motivo de mi primo Carlos y su compañero Rafael, ambos trabajadores de Iberduero en el departamento de administración.

Carlos, nacido y criado en Bilbao, sus padres andaluces de Gaucín (Málaga), su padre trabajador de Altos Hornos de Vizcaya en el departamento de calderas de fundición, su madre trabajadora en una empresa de ultramarinos en el casco antiguo de Bilbao, él fue estudiante en Deusto en la Facultad de Ciencias y, durante tres años guardia civil en el aeropuerto de Sondica, opositó para Iberduero donde consiguió plaza y por ello dejó la Benemérita, incorporándose a Iberduero en la central de Bilbao, después de doce años, en esta entidad, se sintió amenazado por el solo hecho de ser trabajador de dicha empresa, viéndose abocado a solicitar destino fuera del País Vasco, que le fue concedido. Por ello, tuvo que vender su vivienda y trasladarse con su prole a su nuevo destino, con todo lo que ello lleva implícito. Su compañero y amigo siguió el mismo camino, pero cuando se jubiló regresó a Bilbao donde conservaba su vivienda y, al poco de su regreso, fue asesinado por la ETA. Motivo, haber sido trabajador de Iberduero.

La última víctima de la ETA contra la central de Lemóniz fue el niño Alberto Muñagorri, que resultó gravemente herido al dar una patada a un paquete bomba situado en la puerta de un almacén de Iberdrola en Rentería el día 2 de septiembre de 1982. Este fue el último de los cientos de atentados y sabotajes que sufrió la empresa Iberduero en sus instalaciones durante los años 1981 y 1982.

La manifestación de Altos Hornos o de Olarra

La primera gran manifestación que viví en Bilbao fue la que llamaron de los Altos Hornos o de los trabajadores de Olarra. Sería a últimos de enero y llevaba poco tiempo en Bilbao.

Partieron desde Basurto, y por la actual calle Autonomía se dirigieron a la plaza de Zabalburu y desde ésta por la Avenida de Recalde a la plaza de Moyúa: después giraron hacia las calles María Díaz de Haro y a la de Diego López de Haro para pasar el puente levadizo y terminar en Deusto, donde, según comentaron, tenía la central administrativa principal

—oficinas— Olarra. Los cabecillas entraron en el interior, destrozaron todo lo que hallaron a su paso y amagaron con arrojar por la ventana de un tercer piso a dos empleadas, parece que familiares del empresario. De todo ello, los periódicos del día siguiente dieron información escrita y gráfica, cada uno a su manera... Esta manifestación debió de ser un sábado o festivo por la mañana, pues al salir, vestido de paisano de la residencia, me encontré con los manifestantes que empezaban a congregarse al comienzo de la calle Autonomía en Basurto. Dada la oportunidad que me brindaba la situación, decidí incorporarme a la misma como un manifestante más por vivir una nueva experiencia y por si algún día declaraba el Gobierno uno de los estados que tuviese que actuar el ejército, en cuyo caso la Policía Militar seríamos los primeros. A nosotros, los militares, solo nos competía lo relacionado con la milicia, nada con personal civil, pues para ello estaban los cuerpos y fuerzas de seguridad del estado, como así continuó siendo durante todos los años de criminalidad de la ETA. Desde estas líneas, reconozco a la Guardia Civil y a la Policía el extraordinario trabajo que realizaron durante tantos años de terror, pues sin ellos no habrían acabado con la ETA. A mí que no me vengan con cuentos y gaitas algunos políticos, que a toro muy pasado se quieren colocar medallas: los conocí muy bien, a guardias y policías, cuando pernoctaban en los acuartelamientos de Araca (Vitoria), el Garellano (Bilbao), Soyeche-Munguía (Vizcaya) y Loyola (San Sebastián) en los años 1979, 1980 y 1981. Cuando volví al País Vasco en los años 1989 y 1990, ya tenían hospedaje en sus propios acuartelamientos por haber ampliado sus instalaciones. Esta manifestación, a la que me incorporé en Basurto, la seguí en todo su recorrido comprobando cómo aporreaban los vehículos aparcados, rompían las cabinas telefónicas y las lunas de los escaparates de la Peugeot y la Citroën, todo lo que hallaban a su paso. En este recorrido, no intervino la Policía. Yo marchaba en el centro de aquella masa humana próximo a la cabecera. Cuando llegamos frente a las oficinas y vio la Policía que habían entrado, cargaron contra los manifestantes. En un momento, me vi envuelto en una pelota de personas que nos apretujaban y zarandeaba de un lado para otro, motivado por el retroceso de los de cabeza y el empuje hacia adelante de los del centro y los de atrás. Estos no retrocedían: sabían que a la Policía los pararíamos los de delante. Después de que nos pisotearan los de delante y los de atrás, pudimos salir de aquella estrechez. Cuando me quedé frío, me dolía todo el cuerpo: moratones, rozaduras y cardenales eran abundantes. ¡Buena experiencia la de aquel día!

Pasado unos días, supe que un paisano y amigo mío de la infancia que trabajaba en Olarra, se había partido una pierna en el transcurso de la manifestación, fue uno de los que entró en el interior de las oficinas en Deusto. Al preguntarle como le ocurrió me dijo que fue a causa de la carga de la Policía cuando los desalojaron del edificio. Al preguntarle por qué se metía entre los cabecillas etarras, que eran los que manejaban todas estas manifestaciones:

—Para que no me llamen... —titubeó—, que para que mis compañeros de trabajo no me llamen españolazo ni esquirol —me respondió.

Los encadenados

A los pocos días de la manifestación, por la mañana, cuando las patrullas de escoltas, las de seguridad, la de control y la guardia del antiguo Gobierno Militar habían efectuado sus cometidos y relevos sin novedad y me disponía a impartir la clase de judo, antes de empezar, me comunica por teléfono el suboficial de guardia que un grupo de manifestantes se aproximaba, y cinco de ellos se habían encadenado a la verja del acuartelamiento. Era la primera vez que tenía que resolver un problemilla de este tipo:

—Tranquilo —le dije—. Me hago cargo de la situación.

Y rápido pensé: si con la cizalla le cortamos el candado que les une a la verja, la pantomima ha terminado. Pero allí estaban los fotógrafos de la prensa que les apoyaban, dispuestos a plasmar la actuación de los militares, con la que al día siguiente sus periódicos —EGIN, y otros de la misma cadena— se explayarían en contra de nuestra actuación. Solución: como estaban encadenados a la verja, en la vía pública, por lo que correspondía a la Policía armada desencadenarlos, contacté con estos y me dijeron que en cuanto pudiesen acudirían. Nosotros proseguimos con nuestras actividades y los voluntarios encadenados permanecieron allí, bajo un constante «chirimiri», hasta al mediodía en que llegó la avisada policía, los desencadenó y se los llevó a comisaría donde lo identificaron y, a continuación, lo pusieron en libertad. Quizás por la mojadura, no volvieron a encadenarse más en el Gobierno Militar de Bilbao los colaboradores de la ETA.

Día a día, se iban incrementando los atentados de la ETA y también aumentaban los aplausos y apoyos a la banda terrorista por una parte del pueblo vasco, utilizando todos los medios de comunicación hablados y escritos. Ya estaban preparando el carril por donde creían pasaría pronto el carro de los vencedores, sin lugar a dudas para subirse en él. Esto llegaba hasta niveles muy bajos, como el que ahora relato. Un día me informa el brigada auxiliar de que el cabo escribiente le había comunicado, que el dueño de la papelería que nos sirve habitualmente, no había querido suministrarle el pedido de imprenta alegando, al cabo, que él no le suministraba nada al ejército de ocupación español. Dicho suministro consistía en la compra de material de escritorio por un importe de 1.000 pesetas mensuales, cantidad asignada por la habilitación del regimiento Garellano del que dependía administrativamente la compañía:

—Hablar con este demente de papelero es perder el tiempo —le dije al brigada—. Así que, habla con la papelería, Grande, que está aquí cerca de la plaza de Zabálburu, que esta nos lo agradecerá, aunque sean pequeños los beneficios que obtenga con nuestra compra.

Y así lo hizo, y nos aceptaron con agrado como nuevos clientes.

En mi época de Vitoria, nunca oculté mi condición de militar; al contrario me sentía orgulloso de serlo y lo sigo sintiendo y lo seguiré siempre. Además nunca me apartaron en Vitoria por serlo, excepto el rifirrafe con el portero del bingo. La verdad es que entonces Vitoria se sentía bastante española, gracias a Dios. Cuando llegué a Bilbao, seguí con la misma actitud, ah, pero noté que cuando me preguntaban y les decía que era militar, les notaba un respingo ante mi respuesta, como cuando los caballos tienen miedo de algo. Soy un amante del noble bruto, por ello tuve que decir otra profesión. Ya contaré algunas vivencias.

Como jefe de una unidad independiente me preocupaba mucho todo lo que concierne a la misma, y lo primero era la tropa, excelente personal de reemplazo. No tenían nada que envidiar a los profesionales, realizaban un servicio diario muy importante: dar escolta a los vehículos militares que transitaban por la plaza y provincia. Los más peligrosos eran los que transportaban personal, que eran la mayoría. Para ello disponían de un vehículo todoterreno o una furgoneta de la marca Seat, modelo Siata, por escuadra, y cada uno de los cinco componentes de la misma llevaba un subfusil marca Star, calibre 9 mm Parabellum, noventa cartuchos distribuidos en un cargador de diez, introducido en el blocar de carga del arma, y otros cuatro cargadores de veinte en las dos cartucheras del cinto, dos granadas de mano marca Expal en su porta granadas, asidas a las trinchas delanteras del correaje. Iban perfectamente armados y municionados: el conductor portaba una pistola Astra de 9 mm Parabellum, con un cargador de nueve cartuchos, más otros cuatro en la cartuchera. Iban perfectamente armados y municionados, como los exigían las circunstancias para defendernos de la ETA, en caso que intentarán agredirnos. Dada la situación, mi primer deber, era que los soldados de la Policía Militar de Bilbao, supiesen manejar perfectamente el armamento, munición y granadas de mano que portaban, por si algún día se viesen obligados a utilizarla en defensa propia o en cumplimiento de su misión de seguridad y, otra, que se le disparara el arma de forma involuntaria, por el daño que podría causar al portador a sus compañeros o a otro personal que hubiera en las inmediaciones. Por ello, dos días a la semana, el 50% de la compañía realizaba ejercicios de tiro con subfusil y lanzamiento de granadas en los campos de tiro de armas individuales de Cabo Villano, Punta Galea y Arnotegui, alternativamente.

La camillera histérica

Una mañana lluviosa del mes de abril de 1980, fue este un año lluvioso y frío, cuando las patrullas de escoltas de la Policía Militar realizaban sus servicios, un grupo de muchachos de 14 o 15 años cruzó la calle Autonomía, por donde no había paso de peatones en ese tramo, corriendo, cuando circulaban nuestros vehículos escoltando el microbús del Gobierno Militar. Uno de los jóvenes tropezó y dio con la cara en la acera hacia la que corría, produciéndole una raspadura sangrante. La furgoneta de compra —la Renault 4L—, nuestra, que casualmente seguía a los escolta, socorrió al muchacho y, al verlo sangrar, el conductor y el cabo acompañante decidieron llevarlo al Hospital de Basurto, que estaba próximo. Cuando regresaron, me dieron novedad de lo ocurrido y, aunque me dijeron que creían que era leve la herida del accidentado, decidí acercarme al hospital para saber el informe del médico, toda vez que los vehículos y personal nuestros habían estado de por medio. Llegué al hospital y me interesé por el chico que habían socorrido:

—Espere un poco, que le informaremos —me pidieron.

Yo, como diluviaba, salí a la puerta para que el conductor del Jeep se refugiara de la fuerte tormenta bajo el tejado voladizo de la puerta lateral del hospital. Nos hallábamos en la misma, cuando aparece una mujer con uniforme hospitalario, no recuerdo el color, empujando una camilla y, al llegar a nuestra altura, se paró, creí que era por la lluvia, más, de repente abandona la camilla y retrocede gritando:

—Por ahí no paso hasta que no quitéis a esa gente, —y se perdió por el pasillo gritando histéricamente la misma cantinela.

Intuí que en la camilla había un cadáver totalmente tapado con una sábana, ya que la dirección que llevaba era la del depósito. Como pasó un rato y nadie acudía y por distraer al soldado conductor que miraba fijamente a la camilla le dije:

—A lo mejor, lo que lleva aquí la histérica es instrumental quirúrgico —comenté recordando una antigua película de Concha Velasco.

Retiré un poco la sábana y apareció el rostro pálido de un muerto y le dije al soldado:

—Míralo sin miedo. Este hombre se fue de este mundo. Ya no tiene nada que temer, ni de qué temerle. Es un cadáver. La vida tiene un principio y un fin, y a este hombre ya le ha llegado. Descanse en paz —terminé diciendo y nuevamente lo tapé.

Al fin, apareció un camillero que se hizo cargo del muerto y lo trasladó al depósito de cadáveres. Al poco, me informaron que el chico por el que me interesaba, el que se había caído, le habían limpiado la rozadura de la cara y había emprendido nuevamente el camino del instituto. ¡Y por qué, cuento esta historia!

Porque la camillera histérica, al vernos con el uniforme militar, parecía que había visto a los diablos, por su forma de correr y de gritar, ¿A qué ikastola había asistido la camillera? Con esa escuela, creo que no progresaría mucho en la escala sanitaria, la camillera proetarra.

La cafetería del barrio de San Ignacio

Esta aciaga noche del 9 de mayo, sobre las veintidós horas, llegué a una cafetería de este tranquilo y bonito barrio bilbaíno, acompañado de una amiga que vivía en el mismo.

Veníamos de oír una conferencia sobre el mundo del toro impartida, no recuerdo bien si por Vicente Zabala o Manolo Molé, dos buenos críticos taurinos, celebrada en los salones del acogedor hotel Ercilla, con motivo de la próxima Semana Grande de Bilbao. Al ser temprano, la invité a tomar una cerveza en la barra de la cafetería de San Ignacio, y cuando conversábamos sobre lo tratado en la conferencia, oí, al finalizar el telediario, la noticia del asesinato de un policía en Santurce. La verdad es que no le presté una atención especial, ya que, por desgracia, en aquellas fechas y lugar, se había convertido en «rutina» el acto terrorista, pero cuando pusieron la fotografía del coche acribillado, el policía con la cabeza rota y ensangrentada apoyada sobre la ventanilla del coche, llamó poderosamente mi atención y, a continuación, dieron el nombre y apellidos de Antonio e, intuitivamente grité: ¡Es mi pisano, es mi amigo, es muy joven, casi un niño. Me cago en la puta madre que parió a los hijos de putas etarras. ¡Criminales, asesinos! Y algo más que no recuerdo. Todo esto enfurecido y a voz en grito. Los parroquianos se quedaron estupefactos ante mi reacción, el dueño o encargado de la cafetería se aproximó hacia mí diciéndome en tono apaciguador:

—No te preocupes, que a ti no te van a matar.

—Me importan tres cojones que me maten esos hijos de puta mañana mismo, —le respondí con voz más alta—. No me importa que me maten —repetí—. Lo que me jode y endemonia es que acaban de asesinar a mi amigo los cabrones etarras.

Y el buen hombre continuó con palabras apaciguadoras y yo volví a la realidad. Me calmé, reflexioné... Era lo que había en aquel momento y lugar. A todo esto, los que estaban en la cafetería cuando oí la noticia, se habían marchado. Pensarían que podría sacar la pistola, arma que no llevaba, dado el desasosiego que yo mostraba en aquellos breves pero intensos momentos.

Las cervezas nuestras se quedaron sin consumir, pero pagué y nos marchamos, mi amiga a su casa y yo, a la residencia militar del Garellano, en la calle Luis Briñas, próxima al estadio de fútbol San Mamés. Después, por las noticias de la radio, verifiqué que, verdaderamente había sido Antonio el vilmente asesinado por la ETA. Las vicisitudes del día siguiente las describo a continuación. Pasado unos días, volví por la cafetería para disculparme con el dueño o encargado por mi exaltado comportamiento, y él aceptó mis disculpas diciéndome que no tenía por qué hacerlo, ya que comprendía perfectamente la situación que vivíamos en Bilbao los militares. Le agradecí sus palabras y comprensión y desde aquí se las reitero, esté donde esté este buen señor.

Muerte del policía armada don Antonio Moreno Núñez

Aunque Antonio figura nacido en Cortes de la Frontera (Málaga), límite con Gaucín, se consideraba como natural de esta localidad, donde se crio y actualmente viven sus familiares, entre otros, su madre y sus hermanos. De pequeño estuvo la familia trabajando en varios cortijos del término de Gaucín, donde su padre ejercía, la mayor de las veces, de cabrero, y Antonio le acompañaba desde pequeño como zagal —ayudante de cabrero—. Fue algún tiempo a la escuela en Gaucín y otras veces recibió enseñanza de un maestro ambulante, que no tenía título pero impartía lo que sabía por los cortijos, gañanías, pegujales y cabrerizas de la zona a cambio de comida, hospedaje y algunas pesetas por la mensualidad. Así recibió su enseñanza básica. Con 19 años emigró a Francia, donde trabajó, junto a sus dos hermanos, varios años, en labores agrícolas en una finca situada a 7 kilómetros de Estrasburgo. Aquí efectuó su servicio militar a través de la embajada española y se comprometió a permanecer tres años trabajando en Francia para convalidarlo con dicho servicio. Y una vez cumplido el compromiso, regresó a nuestro pueblo donde continuó con las labores del campo. En esas fechas, los trabajos agrarios disminuían aumentando en la Costa del Sol, demandando esta zona mano de obra en la construcción y en la hostelería mayormente. Por ello, se matriculó en un curso que impartía la escuela de hostelería de San Roque (Cádiz), con la finalidad de obtener el título de camarero, curso que superó con buenas notas.

Estuvo tres temporadas trabajando en el Hotel Playa Mar, en el término de Marbella (Málaga), pero la crisis habida en los prolegómenos de los Pactos de la Moncloa lo mandó al paro, por lo que decidió presentarse a la Policía Armada. Se preparó en Gaucín asistiendo a clases nocturnas, alternada con trabajos esporádicos que le brindaban, y en la primera convocatoria suspendió. No obstante, continuó sus estudios para la siguiente convocatoria, en la que ingresó, año 1978. Había comentado a familiares y amigos que si no aprobaba en esta convocatoria, lo dejaría. Me comentaba su hermano muy apenado: «ojalá no hubiese aprobado. Ahora no estaría donde está». La verdad es que no me resultó fácil responderle, y lo único que pude decirle es que el destino de cada uno es el que de antemano tenemos marcado. Nos miramos fijamente a los ojos...

Luego de superar los estudios reglamentarios en la Academia de Policía Armada, sita en el Escorial (Madrid), pasó destinado con carácter voluntario a la Unidad de Policía Armada de Santurce (Vizcaya), ciudad donde residían eventualmente sus padres por estar trabajando el cabeza de familia en la madera —corta de pinos y eucaliptos— en las provincias de Vizcaya y, la próxima, Santander.

Santurce era su primer destino, una ciudad acogedora de inmigrantes de toda la geografía nacional, en su día, la mayoría gallegos, extremeños y andaluces, muchos de ellos de Gaucín, paisanos, que llevaban muchos años por tierras vizcaínas sin olvidar su patria chica. En este sentido no se sentía mal en su destino, aunque era consciente del enemigo sanguinario que le acechaba, la ETA.

En el tiempo que llevaba en Santurce, en sus horas de asueto transitaba por la ciudad visitando los lugares donde se reunía la juventud de su edad. En uno de estos sitios, conoció a una chica y se pusieron en relación de noviazgo, por lo que algunas tardes esperaba a su novia en su coche en las proximidades de la casa de ésta, sito en la calle Cervantes a la altura de Vázquez de Mella. Fue aquí donde los etarras eligieron su punto de muerte, cuando se dirigía a buscar a su prometida, conduciendo el vehículo de su propiedad un Seat 124, matrícula MA-4473-L. Una de esas tardes, apareció un turismo Seat 131, blanco, matrícula BI-8527-J, robado a punta de pistola en el barrio de Repélega, Portugalete, lo pusieron cruzado por delante del coche del policía, y tres encapuchados etarras dispararon sus subfusiles automáticos, calibre 9 mm Parabellum, sobre la víctima elegida y su vehículo. Antonio recibió cinco impactos de bala, uno de ellos le atravesó el cráneo causándole la muerte instantánea, el coche recibió muchos más. Los asesinos, etarras, se dieron a la fuga una vez perpetrado el crimen ante la presencia numerosa de viandantes y vecinos por ser la hora del «chiqueteo». Este hecho ocurrió el día 9 de mayo de 1980, a las 20,30 horas. El policía tenía 27 años de edad; lo escribo, según me lo contaron testigos presenciales del asesinato al día siguiente de tan trágico acontecimiento.

Antonio quedó en el interior del vehículo hasta la llegada, una hora más tarde, de la ambulancia que trasladó su cadáver al Hospital Civil de Basurto, donde certificaron su defunción. Con posterioridad, el féretro fue llevado al acuartelamiento de la Policía Armada en Basauri, donde se instaló la capilla ardiente. En ese lugar, la familia recibió el pésame del general Sáenz de Santamaría, entonces inspector general de la Policía Armada. Al día siguiente asistieron al funeral, además del mencionado general, los gobernadores civil y militar de Vizcaya, comisiones de jefes, oficiales, suboficiales y agentes de la Policía Nacional y Guardia Civil de la guarnición de Bilbao, donde acudí para despedir a mi paisano difunto y para acompañar a sus familiares.

Una vez más, el dolor de padres, hermanos, novia, amigos y compañeros se esparcía como un lamento por tierras de Vizcaya. Siempre es duro asistir a un acto de estas características, cuando no encuentras razón por ninguna parte de lo ocurrido. Por ello, en tu fuero interno, te parece que no es verdad el drama que estás presenciando, que estás viviendo, pero al momento tienes que asumir la dura realidad, lo que, por desgracia, tuve que vivir muchas veces, pero al tratarse de un paisano al que conocía de niño y saberle allí muerto por cumplir con su deber, por la libertad y por España, para mí fue muy cruento aquel triste día en el acuartelamiento de la Policía Armada de Basauri (Vizcaya).

El día 12 de mayo llegaron a Gaucín los restos mortales de Antonio. Al sepelio asistió todo el pueblo, que expresó igual dolor cuando dieron sepultura a Andrés, hacía poco más de un año. Igualmente, acudieron autoridades civiles y militares, entre otros el gobernador civil de Málaga, los tenientes coroneles jefes de la Policía Armada de Granada y Málaga, más numerosos militares del Ejército de Tierra, Guardia Civil y Policía Armada. La misa *corpore insepulto* estuvo oficiada por el capellán de la Policía Armada de Málaga, hijo, también, de Gaucín. Los llantos de los familiares, los de su novia, los lamentos de los vecinos y, a veces, el silencio provocado por el dolor cortaban como puñales en los corazones de todos los allí presentes.

Antonio, según amigos de su infancia y juventud, era un enamorado de la naturaleza, de hecho se había criado desde su nacimiento en contacto con la misma, tenía oído para la música tocaba el acordeón con buenos acordes para ser autodidacta, hablaba bien y escribía algo la lengua francesa, aprendida durante sus años de estancia en el vecino país, se defendía en inglés y se enfrentaba al difícil alemán, aprendido cuando trabajaba de camarero en la Costa del Sol. Posiblemente, con estos conocimientos de idiomas, en el año 80 del pasado siglo, que tan solo una minoría de españoles lo poseían, pudiera haber promocionado, de habérselo propuesto, en la entonces llamada Policía Armada, pero tres descerebrados etarras, probablemente semianalfabetos, le quitaron su vida por el solo hecho de ser policía, y, por tanto, sus proyectos e ilusiones.

Cuando me despedí de su hermano, el sábado 20 de junio de 2020, transcurridos treinta y nueve años del asesinato, en la terraza del Bar La Esquinita, de Gaucín, agradeciéndole su conversación y él haber oído la mía sobre su difunto hermano, le dije:

—¡Ah, perdona! Se me ha pasado preguntarte por la chica. ¿Qué fue de la novia de tu hermano?, ¿mantenéis alguna comunicación con ella?

—Desde el día del entierro, no hemos sabido nada de ella —me respondió muy serio.

Le reiteré mi agradecimiento, ya que rememorar un tema de esta envergadura siempre ha de ser triste y delicado para un hermano, y nos despedimos con un roce de codos por no poderle dar un abrazo.

Quizás este hecho lo escriba muy puntualizado, pero, como he dicho antes, igual que este se vivieron en muchos pueblos y ciudades de nuestra España durante muchos años, demasiados años de barbarie. Con ello no pretendo echar leña al fuego, sino todo lo contrario: lo pasado, pasado está, no lo podemos enmendar ni recuperar, pero no debemos olvidar bajo ningún concepto a las víctimas ni a su familias, precisamente, para que no vuelvan a ocurrir estos hechos, jamás.

A la vez, muchos policías como Antonio, no todos, procedían de zonas rurales, por tanto debieron esforzarse para conseguir una meta que, impunemente les destrozó la ETA, y repito, cuando digo la ETA, me refiero a los que dispararon las armas y activaron los explosivos, a los que les instruyeron, a los que les adoctrinaron, les subvencionaron y apoyaron de muy diversas formas, esto quiero que quede muy claro a todos estos etarras.

Esta tarde en Santurce (Vizcaya), mataron a otro caballero...

El coche acribillado

Me contaba mi buen amigo y paisano Alfonso, que a la vez era amigo de Antonio desde la infancia, tenían la misma edad, lo siguiente: «Después del crimen, uno de los hermanos del policía asesinado se trajo el que fue su coche a Marbella, donde entonces trabajaba de jardinero en una mansión de las muchas existentes en la zona. Lo aparcó en uno de los garajes y lo puso a la venta, pues, por lógica, no lo quería para él. A mí me gustaba entonces ese modelo de Seat, por lo que desde Gaucín me desplacé a Marbella por si llegábamos a un acuerdo comercial. Cuando me lo enseñó en el interior del garaje, quedé conmocionado: el coche tenía impactos de balas por toda la carrocería y el asiento del conductor, algunos tapados con parches de papel. Ante esto, inmediatamente, le dije que no podíamos hablar de compra, porque yo quería mucho a tu hermano. El viaje de regreso al pueblo lo hice pensando lo siguiente: ¿Por qué los etarras se ensañaron con él de esa manera?

Recorridos por Vizcaya

Dada mi condición, entonces, de soltero y mi espíritu de noctámbulo, empecé a conocer las noches de Bilbao. Empezaba en las calles del «chiquiteo» con las barras de los bares llenas de exquisitos pinchos; luego, visitaba algunas de las buenas cafeterías, recorría la zona de los *pubs* del centro, entraba en alguna discoteca y tomaba una copa en la zona el que llamábamos el «barrio londinense», pues había varios *pubs* próximos al Garellano. Muchas de las tardes-noches las pasaba en la margen derecha de la Ría para visitar la ciudad vieja, Deusto, San Ignacio y las Arenas. Por estos agradables sitios, conocí a muchas personas de distintos lugares y condición.

Debido que al ser presentado o al presentarme a nuevos conocidos, casi siempre surgían las mismas preguntas: ¿De dónde eres?, ¿Qué haces aquí?, a lo que respondía con la verdad:

—Soy andaluz, de Gaucín. Y soy militar, con destino en Bilbao.

Como lo de militar a la mayoría les intranquilizaba, opté por decir que trabajaba para una compañía alemana de productos fitosanitarios, con lo cual resolvía el problema.

Y con esta mentira piadosa, se incorporaron al grupo varias amigas y amigos, pero todos, al principio, desconocían mi condición de militar. Próximo a las fechas de la fiesta del vino en Haro (La Rioja), quedamos los integrantes del grupo en ir a visitarla y nos trasladaríamos en mi coche y en el de otro amigo. Pero coincidió que el día fijado yo tenía servicio, y en el grupo dijeron que yo no podía ir porque tenía guardia. Recuerdo que estábamos en la cafetería «Mocedades» cuando se acercó a mí Begoña, una de las amigas diciéndome:

—Te vas a perder las fiestas de Haro, con lo bien que lo vamos a pasar. No sabía que tenías guardia, ni que eras médico.

—No soy médico, Begoña. Soy oficial de infantería —respondí, y la pobre Begoña quedó «noqueada».

—Qué es eso de ¿Infantería? —me preguntó desconcertada.

—Que soy militar de Infantería, no de Sanidad. Y aunque la impresión que recibió fue fuerte, al momento reaccionó diciéndome:

—Tú no puedes ser militar, por tu forma de ser y por tu comportamiento.

—No me digas que después del tiempo que hace que nos conocemos, que se puede contar en meses, no sabías que yo era militar.

—No, no lo sabía. ¡Ni idea! Y estas brujas del grupo sin decírmelo. Además, sigo sin creer que eres militar.

Pero al final de la conversación, se lo creyó y continuó nuestra amistad sin roces ni fisuras.

Begoña es de Bilbao y había recibido su formación básica en una ikastola. No sé lo que allí le enseñaron o le dejaron de enseñar, lo que sí sé es que ella tenía creído que los militares éramos verdaderos ogros. Como era lógico, cambió de opinión y, pasado el tiempo, se casó con un compañero mío y, creo, que sigue felizmente casada, pues hace años que no nos vemos.

Disparos al aire

Desde primeros de febrero de 1980, diariamente, los días laborables, por la mañana, un grupo de manifestantes tomó la costumbre de acercarse con unas pancartas y cuatro pitos a las inmediaciones del Gobierno Militar. Subían desde la plaza Zabálburu y se situaban en la acera de enfrente, a la puerta de entrada al Gobierno. Como no nos molestaban, no tomábamos ninguna medida especial, solo la de estar atentos, ya que algo más pretenderían. Así pasaron varios días, hasta que el grupo de manifestante dio un primer paso y se situó en la mediana de la calle, de lo que informamos a la Policía Nacional que mandó una patrulla que inspeccionó visualmente a los manifestantes. Pero éstos continuaron con la misma rutina otro periodo de tiempo, hasta que otro día, decidieron dar un segundo paso y se situaron en la acera de la puerta principal. Y nuevamente hizo su presencia la Policía Nacional que dialogó con los cabecillas y les manifestaron que ellos estaban en la vía pública. Ante esa evidente respuesta, la Policía se marchó y ellos permanecieron allí y, cuando entraba o salía un vehículo, se abrían para dejar un pasillo que inmediatamente cerraban. A los pocos días, dieron un tercer paso que consistió en sentarse en la acera frente, a la puerta. Pero esta vez, cuando llegaba un vehículo, no se levantaban: entonces se avisaba a la Policía y se montaba el número retirándolos a rastras, ya que se negaban a moverse, y eran introducidos —unos cuantos— en el furgón; los otros, empujados lentamente por la Policía, se retiraban. Cada día acudían más a la puerta siguiendo el mismo método. La Policía Militar no podía actuar por ser personal civil y estar en la vía pública; pero sí teníamos la obligación de que nadie entrara en el interior del recinto militar sin autorización y menos, que intentaran entrar por la fuerza y en masa. El Pelotón de Servicio de Control de entrada estaba muy atento a todos los movimientos y actitud de los manifestantes e intuyó que tarde o temprano darían un paso más. ¡Y lo dieron, una mañana de niebla!: en un momento dado, se agruparon tapando la puerta y alguien de los manifestantes gritó, ¡Ahora!, y dieron unos pasos adelante, pisando ya el principio de la rampa de acceso. Ante esta actitud, el policía militar que estaba de centinela en la garita de la puerta principal, cumpliendo con su obligación, repito, de centinela, efectuó tres disparos al aire de advertencia y otros dos centinelas, soldados de la guardia que pertenecían al regimiento Garellano, que se hallaban, igualmente, en sus puestos de centinela en las garitas elevadas, viendo lo que ocurría abajo en la puerta y en apoyo de la alerta dada por su compañero del control e, igualmente cumpliendo con su obligación, efectuaron dos disparos al aire cada uno. Todo esto no se lo esperaban los proetarras manifestantes que, inmediatamente, retrocedieron, empezaron a hablar entre ellos y, a continuación, se dispersaron, ellos solos. Creo que entendieron perfectamente la advertencia de los centinelas: un soldado de la Policía Militar y dos soldados del regimiento Garellano, los tres del reemplazo.

Este pequeño incidente ocurrió en poco espacio de tiempo: inmediatamente, me avisaron de lo sucedido, cuando me hallaba impartiendo la clase de judo y, rápido, me personé en la puerta de entrada para hacerme cargo de la situación. Cuando llegué, ya los fracasados invasores proetarras iniciaban su retirada. Fui informado de lo ocurrido por el sargento de seguridad y por el de guardia de prevención.

Cuando subía las escaleras para dar novedades de lo ocurrido, ya bajaba el enlace para avisarme de que el general requería mi presencia en su despacho y, en pocos segundos, me hallaba ante el general, firme y en primer tiempo de saludo:

—A la orden de vuecencia, mi general. Sin novedad.

—¿Cómo sin novedad? —me respondió sorprendido.

—Mi general, no ha habido ninguna novedad, solamente los tres centinelas han efectuado unos disparos al aire, de advertencia, porque los manifestantes, de siempre, han efectuado un intento de entrar por la fuerza en el acuartelamiento.

—¿Y esto para ti no es una novedad? —volvió a preguntar.

—Así es, mi general, porque los centinelas se han limitado a cumplir con su obligación.

Además, no ha ocurrido nada, pues los manifestantes ya se han ido y solo quedan los fotógrafos de la prensa en la acera de enfrente.

—¿Cuántos disparos han hechos? —insistía el general.

—Dos o tres cada centinela, mi general.

—Sí. De acuerdo. Esos disparos han sido al aire, pero caerán a tierra y aquí estamos rodeados de edificios todos habitados. Además, estamos a un paso de la plaza Zabálburu, que a estas horas está llena de gente —dijo enfadado y preocupado.

Yo veía que su preocupación aumentaba, por eso le dije que los proyectiles, por ser de pequeño calibre, se han ido al mundo —muy lejos—, de manera que es imposible que caigan por estas inmediaciones. En ese instante, el general me miró de arriba abajo... No sé lo que pensaría, pero con tono muy autoritario, me ordenó:

—Te puedes retirar. Haz un informe de todo lo sucedido y me lo traes en mano.

Ordené a los sargentos de seguridad y de la guardia que verificaran los disparos que habían efectuado los centinelas y, al poco rato, me informaron con las vainas en la mano:

—Han sido tres disparos de 9 mm del subfusil, y cuatro disparos de 7,62 mm de los dos Cetmes.

Además, habían comprobado que la dotación de munición de cada centinela solo les faltaba la consumida con los disparos al aire, Siete en total.

Una vez que preparé el informe, me personé nuevamente ante el general y le hice entrega del mismo, lo leyó pausadamente, me dirigió otra mirada como la anterior y me despidió.

—Bien. Te puedes retirar.

Quiero resaltar dos cosas relacionadas con estos hechos. La primera, la actuación de los centinelas disparando al aire en advertencia de que no se podía entrar en el acuartelamiento por la fuerza, y el apoyo que recibieron de los demás compañeros, soldados y cabos del pelotón de seguridad y de la guardia de prevención, ésta del regimiento Garellano que, inmediatamente, cubrieron la puerta ordenadamente para impedir la entrada en el acuartelamiento de los proetarras. Toda la tropa era del reemplazo, que cumplió perfectamente con su servicio sin alterarse en ningún momento. Desde aquí mi agradecimiento a todos ellos. La segunda cosa que quiero resaltar es quién o quiénes eran los descerebrados que mandaban diariamente a un grupo de personas, igualmente descerebradas, a manifestarse cada mañana a la puerta de un cuartel con la intención de entrar en él por la fuerza, con la situación tensa que se vivía a cada instante en aquellas fechas en el País Vasco. Aquel día pudo haber ocurrido lo no descrito, pero siempre hay que sacar algo positivo, y en esta ocasión fue que no volvieron a aparecer más por la puerta del Gobierno Militar de Bilbao. De este acto, hay constancia gráfica y escrita en la mayoría de los periódicos del País Vasco, del día. Los proetarras lo tenían todo montado ese día; de ahí la aparición de la prensa gráfica que se detectaba por sus cámaras fotográficas: entonces no existían los teléfonos móviles. Los plumillas de sus periódicos también estaban allí; y la radio y la televisión también dieron la noticia. Todos ellos querían captar y redactar el momento que persiguen todos los mafiosos: mientras peor, mejor. Pero no consiguieron su objetivo.

Por la tarde, me comunicó el teniente coronel ayudante del general que, por orden de su excelencia, debía acompañarle al día siguiente al campo de maniobras del Páramo de Masa (Burgos), por lo que debía tener preparada la escolta con un solo vehículo donde yo viajaría. Teníamos que iniciar la marcha a las 7,30 horas. Y, a la mañana siguiente, en el lugar y hora previstos, me hallaba con la escolta, le di la novedad reglamentaria y observé que el general mantenía la misma mirada y gesto que los del día anterior. Me señaló el itinerario y emprendimos la marcha y, a la hora prevista, llegamos al punto de destino sin novedad. El general se dirigió al puesto de mando donde se hallaba el capitán general de la VI Región Militar, a la que pertenecíamos, y me ordenó que me mantuviese localizado por si me necesitase, así lo hice. Bajo el techo de una de las tiendas-parque, me refugié del frío ante un termo de campaña de café caliente. Al poco rato, fueron llegando algunos compañeros que, a través de la radio, tenían información del intento de entrada al Gobierno Militar de los proetarras. Por ello, me decían:

—Muy bien Umbría, por la actuación de ayer, por poner las cosas en su sitio.

Estas y otras frases similares de apoyo decían unos y otros, frases y palabras de ánimo que yo les agradecía. Mientras, yo me preguntaba si el general me ha hecho venir aquí será porque el capitán general querrá saber directamente de la actuación de ayer. ¡Cómo será su mirada! En el fondo, me daba lo mismo como me mirase: habíamos cumplido con nuestra obligación. Así pasó la mañana ante el vaso de café y los saludos de algunos compañeros que entraban y salían de la tienda. Ellos estaban de maniobras. Un poco antes de la una, salió el general del puesto de mando y, al pasar junto a mí, me dijo:

Regresamos por el itinerario de Balmaseda. No dijo ni una palabra más, pero noté que su mirada y sus gestos eran de otra manera, más acogedores.

Después de mi larga espera en la tienda de campaña, el capitán general no requirió mi presencia, no fue necesario, ya que los disparos al aire efectuados por los centinelas el día anterior estaban totalmente justificados.

Mis paisanos y amigos de la margen izquierda

Me agradaba ir cuando podía a Baracaldo, Santurce, Portugalete y Sestao, pues casi siempre encontraba a amigos y algunas amigas de mi infancia en Gaucín y hablábamos de nuestra niñez principalmente: unos la recordaban con cariño, la mayoría; otros, la entreveraban, quizás, por haberla pasado con estrechez económica, pero al final de la tertulia, todos quedamos contento por eso de «recordar es volver a vivir». La mayoría de estas amigas y amigos ya estaban casados con chicos y chicas que no descendían de Gaucín, como es lógico, y sus respectivos cónyuges intentaban apartarlos de mi amistad, sin lugar a dudas por mi condición de militar, como supe más tarde por terceras personas. Alegaban que al relacionarse conmigo les podían traer algún problemas de convivencia en el barrio o, quizás, algo más. Por este motivo, me fui distanciando de ellos, pues no quería causarle indirectamente problemas. No obstante, continué viéndome con mis amigos incondicionales en cuanto se presentaba la ocasión. No hablaban nada de la ETA y poco de la situación que se vivía en el País Vasco, pues, aunque paisanos y amigos, entre ellos, nadie se fiaba de nadie.

Por mediación de estos amigos y otros, visité a algunos de sus padres y familiares mayores en sus domicilios. Éstos sí tenían grabado en su mente el Gaucín que ellos vivieron, y lo reviven en sus conversaciones y en su mente constantemente: unos no olvidaban el trabajo duro y mal pagado que habían realizado en Andalucía; otros recordaban sus viviendas, algunas tierras y sus animales que habían vendido para trasladarse a las Vascongadas por el porvenir de sus hijos que, en Gaucín lo tenían muy difícil. Estos mayores si me hablaban de la situación en que nos hallábamos, que no se parecía en nada a la que conocieron cuando llegaron y vivieron muchos años después. Entre otros muchos comentarios relativos al tema me decían: «Los independentistas, entre los que meto al PNV también, los curas y la ETA son los causantes de este odio que anda repartido por todas las Vascongadas. Y esto va *pa* largo». ¡Y no se equivocaron los viejos inmigrantes gaucineños en este vaticinio!

También me comentaron algunos de estos mayores, con mucho rencor, cómo eran explotados en el trabajo cuando lo hacían en el campo andaluz, de sol a sol y, durmiendo, la mayoría de las veces, a cielo raso, en las eras o en los pajares, según la época del año; o cuando los guardias civiles los denunciaba por llevar en el burro una carga de leña de jaras, unos sacos de picón —carbón muy menudo hecho de ramas— o de «corruca» —pequeños trozos de corcho seco y de ínfima calidad— procedentes de los desperdicios de los alcornoques de los montes comunales, el Hozgazar, la Umbría, la loma de la Cencerrilla o la garganta del Harraqueque.

Recordaban perfectamente los nombres de montes, gargantas, arroyos y boquetes, aunque la mayoría llevaban más de treinta años en las Vascongadas. Uno de estos denunciados en su día, me quiso justificar la muerte de los guardias civiles por la ETA, diciéndome con esta simpleza:

—Si los matan, es por qué algo habrán hecho.

En ese momento pensé: Las palabras hay que juzgarlas teniendo en cuenta quién las pronuncia. Por ello, le respondía:

—Hombre, no me digas eso. Están matando a diario guardias muy jóvenes, la mayoría recién llegados. ¿Qué mal han podido hacer estos guardias tan jóvenes, si son casi niños?

El paisano se quedó dubitativo sin saber qué responder.

—¿Dime tú qué mal había hecho Andresito Silverio, nuestro paisano, cuando hace cuatro días lo asesinaron en Guecho?

No me miraba a los ojos cuando hablaba, pero continué:

—Además, por tu edad, serías amigo de su padre, cuando estabas en el pueblo, que era otro trabajador como tú.

—Sí, cierto es. Trabajé con su padre codo con codo en más de una ocasión.

—¿Ves? No hay justificación para matar a nadie.

Después de esta conversación varias veces me lo encontré en Portugalete, en la calle, y siempre venía a saludarme. A continuación, le invitaba a un chiquito, pues, en el fondo, era mi paisano aunque le hubiesen comido el coco los proetarras.

Lanzamiento de un artefacto explosivo al patio del Gobierno Militar

El día 30 de marzo de 1980, sobre las 17,00 horas, me avisó el sargento del servicio de seguridad, que se hallaba en las proximidades de la puerta principal, que desde el exterior del acuartelamiento habían lanzado un artefacto explosivo llameante.

—¡Despeja rápidamente el patio de personal —le ordené—. Y que no entre nadie.

Inmediatamente, me personé en el patio y observé, desde una distancia prudencial que, efectivamente, se trataba de un artefacto explosivo y que aún desprendía humo la mecha lenta que portaba, pues no se activó el dispositivo iniciador . En fin, se pudo deducir que al lanzar el artefacto por encima del muro, que tenía una altura considerable, se desprendió la mecha lenta del cebo iniciador, por lo que no pudo explosionar la carga. Y avisado al equipo especialista en la desactivación de explosivos de la Policía Nacional, se hizo cargo de la misión, y con todas las precauciones, normas y equipo reglamentarios lo inspeccionaron, desactivaron y lo retiraron para su destrucción. No era de gran peso ni tamaño, lo habían lanzado desde la calle trasera a la puerta principal que, dada la altura del muro, carecía de visión a la calle desde el interior.

Visita del ministro de Defensa a Bilbao

El señor ministro de Defensa, don Agustín Rodríguez Sahagun, realizó una visita a la plaza de Bilbao en día 8 del mes de septiembre de 1980 para, entre otras misiones, conversar de forma distendida con los mandos militares de la plaza para ello se reunió, por la mañana, con los jefes de unidades en el Acuartelamiento del Garellano, todavía en la calle Luís Briñas, y, por la tarde, con estos jefes más una representación de oficiales y suboficiales en el acuartelamiento de Soyeche-Munguía, donde se hallaban el Grupo de Artillería, la 1.ª Compañía del Garellano y otra de la Guardia Civil, pertenecientes al GAR —Grupo Antiterrorista Rural—. Para el traslado del personal desde el Garellano a Soyeche, se dispuso de un convoy de tres autobuses que harían el recorrido Bilbao-Munguía-Soyeche y regreso, que fueron escoltados y protegidos por la secciones de nuestra unidad en los puntos más sensibles del itinerario, desde donde los etarras podrían efectuar un atentado al convoy. El servicio se realizó sin novedad.

Muchas veces, como ya he indicado con anterioridad, llamaban a la compañía o a la centralita del Gobierno Militar anunciando que sufriríamos un atentado durante el servicio, pero en esta ocasión insistieron de forma reiterada las amenazas, pormenorizando detalles de los posibles itinerarios.

El señor ministro, en la sala de reunión del acuartelamiento nos informó, aparte de temas militares, de problemas sociales relativos a la vivienda: que no había pabellones militares disponibles, y el alquiler en Bilbao estaba desorbitado. Llevaba un proyecto que nos explicó uno de sus ayudantes, y consistía en crear una cooperativa, dependiente del ministerio de defensa, que, mediante pagos módicos mensuales, pasaría a ser la vivienda propiedad del cooperativista, una vez amortizada la deuda. Nunca se llevó a cabo este proyecto, ni se volvió a hablar del mismo. Al final de la reunión, sirvieron una copa de vino español y, mientras, el ministro dialogó directamente con varios de los asistentes, y a la pregunta de ¿Tienes algún problema aquí en Bilbao?

—Ninguno, señor ministro. Somos militares.

Atentado en la carretera de Ispaster

En este atentado utilizaron los etarras explosivos, granadas de mano y armas automáticas de mayor calibre que las habituales

Era la mañana del día 1 de febrero de 1980. Me dirigía, con la compañía, al campo de tiro de Cabo Villano, cuando uno de los soldados que iban en mi Jeep, nos comunica:

—Acabo de oír por el transistor que ha habido un atentado y han muerto guardias civiles y etarras en la carretera de Ispaster (Vizcaya).

Que muriesen guardias y etarras a la vez no era normal en este tipo de atentado, siempre morían los guardias. Y digo no era normal porque la ETA, a campo abierto, siempre utilizaba cargas explosivas accionadas a distancia, bien en hornillos o, simplemente, camufladas en la maleza, o ametrallamientos efectuados desde lugares dominantes y camino libre para la evasión y escape, buscando siempre no arriesgar nada. En esos momentos pensé: En caso de que el general necesite escoltas si se tiene que desplazar, ya me avisarán. Aquí estamos comunicados por la red militar de la vieja batería de costa. Llegamos a la batería y el sargento jefe del destacamento me confirmó la noticia: varias emisoras de radio la habían transmitido. Efectuamos los ejercicios programados y regresamos al cuartel, donde me informé de lo ocurrido con más detalles. Una dotación de la Guardia Civil formada por seis guardias y dos vehículos escoltaba a dos vehículos de la fábrica de armas Esperanza y Cía., que transportaban morteros modelo Ecia de calibre 81 mm y 60 mm que iban a efectuarles unas pruebas de homologación por unos especialistas civiles, trabajadores de la fábrica, en el cabo Machichaco. En el primer vehículo viajaban los especialistas; en el segundo, tres guardias y en el tercero el conductor, con los morteros y la munición. En el cuarto vehículo iban los otros tres guardias. Los etarras le tendieron una emboscada a la escolta en el punto elegido, hicieron explosionar un hornillo, y a la vez le lanzaron granadas de mano y fuego con armas automáticas. En el lugar del atentado, se recogieron más de cien vainas de calibre 7,62 mm y otras de 9 mm Parabellum. En la estrecha carretera de Ispaster, los guardias no pudieron repeler la agresión al haber sido sorprendidos por la gran potencia de fuego que emplearon contra ellos, Para esta acción, los terroristas emplearon dos comandos. En el enfrentamiento murieron los seis guardias y dos etarras, estos dos murieron como consecuencia de fuego amigo. La emboscada ocurrió el viernes a las 8 de la mañana: la ETA tenía un informador, obrero de la fábrica, que le comunicó el movimiento del material, del personal, del horario, el itinerario y la disposición de los vehículos dentro del convoy.

Durante el funeral de uno de los miembros de la ETA muertos en la emboscada, el sacerdote Gregorio Olabarría condenó en su homilía la violencia de la ETA, por lo que fue abucheado por alguno de los presentes y se gritaron consignas de apoyo a la ETA. Son de los pocos casos, casi seguro el único, que un sacerdote vasco en la homilía del funeral de un etarra tuvo la valentía de condenar las acciones terroristas de la ETA.

A raíz de estas muertes tuvimos unos días tensos y de mucha actividad. La capilla ardiente de los guardias la instalaron en el Cuartel de La Salve, como era habitual, y al día siguiente se celebró el funeral, al que asistió el ministro de Interior, que se trasladó por vía aérea desde Madrid al aeropuerto de Sondica. Por ello, me ordenaron que una sección de la Policía Militar ocupara en el aeropuerto antes del aterrizaje del avión, unos puntos con buena visibilidad y, a continuación, apoyásemos en el traslado hasta Bilbao, por carretera, a la escolta del coche del señor ministro. El servicio se efectuó sin novedad, aunque a la llegada del ministro a la puerta de la casa cuartel de la Guardia Civil, en el coche oficial, éste fue golpeado con paraguas y manos por un grupo de personas que se hallaban próximas a las puertas del acuartelamiento, cerrándole el paso. Pero la Policía y la Guardia Civil le abrieron un pasillo que le permitió la entrada. Recibí la orden de permanecer en el cuartel de la Guardia Civil hasta la retirada de los féretros, por lo que permanecí en el mismo. Durante la misa de *corpore insepulto,* se vivieron momentos de gran tensión. Al finalizar el capellán la homilía y entre los sollozos de los familiares de las víctimas, un grupo de los asistentes profirió gritos contra el ministro y el Gobierno y terminó en un abucheo por los familiares de los guardias residentes en el cuartel y por otros de los allí presentes. Los féretros envueltos en la bandera española, salieron del acuartelamiento en los coches fúnebres por una puerta distinta a la prevista antes de estos acontecimientos.

Los guardias civiles asesinados fueron: Alfredo Díaz Marcos de 24 años, natural de Fermoselle (Zamora); José Gómez Martillán de 24 años, natural de Algeciras (Cádiz); Antonio Gómez Trillo de 30 años, natural de Xirivella (Valencia); Antonio Marín Gamero de 27 años, natural de Oliva de la Frontera (Badajoz); José Martínez Pérez-Castillo de 26 años, natural de Oria (Almería) y Victorino Villamar González de 41 años natural de Quecedo (Burgos).

Los terroristas muertos, por fuego propio, fueron: Gregorio Olabarría Gorrochotegui Bengoa y Javier Gorrochategui Argote.

Los perros erizaron los pelos

Pasado unos días, cuando circulábamos en columna de vehículos con la compañía, dirección Plencia, por la carretera de Barrica, observo que al final de la recta, antes de llegar a este pueblo, a la altura del cementerio, había un grupo grande de personas. Días antes, habían dejado los etarras en las proximidades del cementerio el cadáver de uno de los de su gremio, que participó en el enfrentamiento del cabo Machichaco, no sé si los de la carretera estaban esperando darle sepultura o era otro entierro, de cualquier modo seguimos nuestro itinerario. Los perros, pastores alemanes, que llevábamos en los camiones y el gran danés Sanso, que iba en mi Jeep, erizaron los pelos, rugían enseñando los dientes y desprendiendo babas, se pusieron muy tensos: su sexto sentido les permitió calibrar el ambiente. Cuando estábamos muy próximos al personal que había en la estrecha carretera, se apartaron los congregados a un lado y otro de la misma y, una vez rebasados, los perros aullaron para comunicarse entre ellos y movían la cola para relajar la tensión.

En el puerto de Bermeo

Una tarde, en compañía de mi amiga Marian, nos desplazamos a Bermeo con la finalidad de tomar unos vinos acompañados de los exquisitos pinchos que servían en los bares de los alrededores del puerto. Llegamos anochecidos, llovía fuerte y aparcamos en el centro de la explanada del muelle, donde había tres o cuatro coches más. Nos bajamos deprisa para no mojarnos y dando una carrera llegamos al bar más próximo. Había pocos clientes dada la noche oscura y de agua, En la esquina de la barra, había una señora y dos señores, uno mayor, que al vernos entrar a la carrera dijeron:

Pero ¿de dónde venís? con la noche que hace.

—Estábamos aburridos en Bilbao y hemos decidido darnos un paseo por Bermeo.

Y este breve saludo dio lugar a una larga conversación, con invitaciones recíprocas que se alargaron hasta pasada las 10 de la noche. Nos despedimos de nuestros acompañantes de barra y cuando salimos observé alrededor de mi coche, que ya estaba solo en el centro de la explanada, a dos policías municipales a una distancia prudencial del mismo, que se hallaba con la puerta del copiloto entreabierta y la luz interior encendida.

—¿Es suyo el coche? —me preguntaron.

—Si. Es mío —respondí.

—Pues aquí llevamos un buen rato pendiente de él, al estar con la puerta abierta, la luz interior encendida y bastante mojado por dentro. Creíamos que se trataba de un coche robado que ha podido ser empleado para otra cosa. Nosotros, por precaución, no hemos cerrado la puerta.

—Muchas gracias —respondí.

Y mi amiga se disculpó diciéndole que con la lluvia se le olvidó cerrarla. Los policías de Bermeo, casi seguro, pensaron que podía tratarse de una trampa explosiva.

Campaña contra los toros

En todo los que les venía en ganas se metían los de Herri Batasuna y los suyos. Calificaban las corridas de toros de españolada, por ello había que suspenderlas, a pesar que había una gran afición en Bilbao y, además con motivo de la Semana Grande, pasaban por ella las primeras figuras del toreo. No recuerdo si fueron las fiestas de 1980 ó 1981, cuando una tarde fui a la plaza de Vista Alegre a ver a Curro Romero. No recuerdo el nombre de sus compañeros de terna. Momentos antes de empezar la corrida, saltaron al ruedo unos grupos con pancartas en contra de las corridas de los toros, mientras otros intentaron arriar la bandera española que ondeaba en el mástil de la plaza. Tuvo que intervenir la Policía, que puso las cosas en orden después de varias carreras y algaradas de los batasunos. Se inició la corrida y Curro Romero le hizo una breve faena al primer toro y lo mató de una estocada corta. El público se mantuvo en silencio. En el descanso, entre el tercer y cuarto toro, los batasunos se tiraron al ruedo y repitieron la jugada y la Policía nuevamente restableció el orden. En el cuarto, que era el segundo de Curro, al poco de salir el encastado y astifino morlaco, pidió cambio de tercio y lo despachó sin apenas torear. Hubo bronca por parte del público para el torero. Mientras los mozos limpiaban la arena, la Policía de uno y otro extremo corrieron hacia la puerta principal.

—¡Otra vez los de las pancartas —pensé.

Pero esta vez no habían sido ellos los que habían puesto a la Policía en movimiento, sino Curro Romero que, a toda prisa, trataba de abandonar la plaza, cosa que no debía hacer bajo ningún concepto por ser el más antiguo de los toreros y, por ello el director de lidia, que tiene el deber de abandonar el último la plaza. La policía lo devolvió al ruedo y continuó la corrida ya sin más aspavientos. ¿Por qué intentó huir Curro?, me preguntaba y, al tiempo respondía: Por miedo al público. No creo que sea por miedo al toro. Podía ser, aunque ya había toreado los suyos. Entonces pensé que era por miedo a la ETA. Lo cierto es que Curro Romero fue buen torero, uno de los más grandes, pero también tenía fama de no ser un torero valiente. Finalizada la corrida, la Policía condujo a

Curro Romero a la comisaría, próxima a la plaza Indauchu, donde, según comentaron, pasó la noche.

Hago mención a esta corrida, principalmente, por ver como la ETA con sus tentáculos se metían en todo, intentando poner su voluntad por encima de todos, que solo podemos llamarle a esto dictadura hitleriana o staliniana, que es lo mismo, la miren por dónde la miren.

Athletic Club

El Athletic desde siempre ha tenido mucha relación con el Garellano, primero por su proximidad cuando ambos estaban en la calle Luis Briñas: el regimiento al principio y el campo de fútbol, al final de la calle y, segundo, porque la mayoría de los jugadores, cuando el servicio militar era obligatorio, lo efectuaban como voluntarios en el regimiento, así evitaban ir destinados por su quinta fuera de Bilbao, expuestos a servir en cualquier punto de España. Por ambas cosas, la amistad era fuerte y nunca la rompieron ni en los años más duros de la ETA, ni perdieron la costumbre de obsequiar con algunas entradas los días de partido a mandos y tropa. Incluso, estando ya el regimiento en Soyeche (Munguía, Vizcaya), las dejaban en el apartado de correo o bien, un señor del club las llevaba personalmente. El regimiento le devolvía el detalle invitándoles el día de nuestra patrona y el día del regimiento pero, a partir de los años 80, dejaron de ir, sin lugar a dudas por seguridad personal.

Un día que jugaba el Athletic contra el Valencia, un compañero valenciano me pidió que le acompañase:

—Sí, pero con la condición de dar después del fútbol una vuelta por Bilbao.

Llegamos al campo poco antes de empezar el partido ya los «Cachorros de los Leones», creo recordar que así se hacían llamar, juntos con los kale borroka (lucha callejera), andaban con algaradas, pancartas, ikurriñas, bengalas, pitos y flautas, y entre toda esa charanga comenzó el partido y se amansaron un poco, Pero en el descanso, que iban empatados, volvieron a las mismas y, al final, del partido, que perdieron, la liaron: saltaron al campo, sacaron más pancartas, rompieron asientos y vallas y, al final quemaron una bandera española. Intervino la Policía para desalojar a los ultras y borrokas (callejeros) y los espectadores, temerosos de lo que estaba ocurriendo en el centro del campo, intentaban salir de prisa y apelotonados. Mi amigo y yo, que estábamos en lo más alto de las gradas, permanecimos sentados viendo el segundo espectáculo. Junto a nosotros permanecieron algunas personas también con toda tranquilidad, más,cuando bajábamos una vez pasada la movida, junto a nosotros lo hacía un señor con traje oscuro, cleriman y una cruz grande colgada al pecho y alguien comentó: «Es el obispo auxiliar». Creo que era monseñor Uriarte. También aquí los de la ETA con los batasunos borrokas, ligados con los ultras, aprovechaban para exhibir su propaganda en el campo y ante los medios de comunicación: televisión, radio, periodistas y fotógrafos; a la vez, incordiaban a los que iban a ver el fútbol como deporte. Lo pretendían y lo conseguían.

Identificación de un militar

Un anochecer del mes de marzo de 1981, llamaron por teléfono, a la compañía de Policía Militar desde la Clínica Nuestra Señora La Virgen Blanca, informando que habían llevado a la misma un señor inconsciente que habían encontrado tirado en la calle Banderas de Vizcaya de Bilbao, frente a la puerta de un *pub*. Carecía de documentación, pero quienes lo llevaron dijeron que era militar, por ello recurrían a nosotros para que le identificáramos. Me personé en la clínica y conocí, nada más verlo. Era el comandante Rotaeche Velasco. Continuaba inconsciente en una cama de dicha clínica. Informé al personal del servicio sanitario de la identidad del enfermo y les dije que avisaría a su familia, de la que solo conocía a su primo, el teniente coronel Romeo Rotaeche, que estaba destinado en el Gobierno Militar y, por lo tanto, nos veíamos a diario. El comandante estaba destinado en el regimiento Garellano y nos veíamos con frecuencia. Por teléfono, localicé al teniente coronel, le informe de lo ocurrido y dónde estábamos.

—Espera ahí, que salgo para allá ahora mismo.

Y al poco rato, se presentó. Le acompañé a la habitación donde se hallaba su primo y mirándolo, me dijo consternado:

—Como mi primo siga así, acabará mal.

Y sin decir más, nos dirigimos hacia el lugar donde se encontraba el médico de servicio, quien le informó de cómo se hallaba el paciente.

—Doctor. No escatime recursos y procure que se recupere cuanto antes.

Esto lo escribo, que parece fuera de la temática que trato, porque, a los pocos días, no más de tres, el teniente coronel yacía en la misma clínica con el cráneo destrozado por el tiro en la nuca que le disparó la etarra Pepona.

Asesinato del teniente coronel don Ramón Romeo Rotaeche

Hoy domingo 22 de noviembre de 2020, en el periódico *La Razón* página 15, a las 8 de la mañana, leo lo siguiente:

SERÁ ENTREGADA HOY.

Cae la «etarra de las mariscadas». A la derecha una fotografía de la etarra, sonriente, sentada, ante una bandeja de mariscos. Y a la derecha de esta, la siguiente inscripción: Natividad Jauregui ya se encontraba vigilada con pulsera telemática.

La etarra Natividad Jáuregui fue detenida ayer en Gante (Bélgica). Reclamada por las autoridades españolas por el asesinato del teniente coronel Ramón Romeo en Bilbao en 1981, es conocida como la «etarra de la mariscada» por haber colgado, sonriente, fotos en las redes sociales en la que se le veía degustando unos langostinos, rodeada de amigos, en una fiesta celebrada en Bélgica, donde residía. Durante algún tiempo logró eludir las peticiones de entrega que hizo España, con el argumento que la iban a torturar, pero el Tribunal de Gante decidió extraditarla a nuestro país. Entre los crímenes que se le imputan, cuando formó parte del «Comando Vizcaya», está el asesinato, el 19 de marzo de 1981, del teniente coronel Ramón Romeo Rotaeche cuando este salía de misa en la Basílica de Begoña en Bilbao. A «Pepona», como también llaman a la terrorista, se le relaciona con otras cinco muertes y ahora se encuentra detenida por las autoridades belgas a la espera de ser entregada este domingo a España, tras la sentencia del Tribunal de Casación belga que ordenó el pasado martes ejecutar la euroorden que pesa sobre ella.

La Fiscalía Federal belga informó ayer de que Jáuregui se encuentra «privada de su libertad» como consecuencia del fallo del martes que avaló su entrega y fuentes del Ministerio de Interior confirmaron a Europa Press que la entrega se producirá hoy. Está previsto que llegue a Madrid esta tarde bajo custodia de la Policía Nacional.

Dentro de la iglesia: El asesinato de Ramón Romeo fue, como tanto de la banda terrorista, por la espalda. El día de su muerte el militar había acudido a la misa de las 9,30 horas. Dos individuos, un hombre y una mujer, que estaban dentro de la iglesia, salieron detrás de él y, tras salir a la calle, la mujer sacó una pistola y efectuó un solo disparo que alcanzó al teniente coronel en la nuca. Mientras la víctima quedaba tendido en medio de un gran charco de sangre, los dos terroristas huyeron a pie.

Fue intervenido quirúrgicamente y tras permanecer dos días en estado muy grave, falleció. El militar había nacido en Burgos en 1928 y había desarrollado su carrera en Vizcaya. En 1978 fue objeto de otro atentado en Munguía, del que salió ileso. Por este asesinato ya están condenados los etarras José Antonio Borde, Sebastián Echániz y Enrique Letona.

Luego de leer este artículo, me quedo momentáneamente tranquilo, pienso: Por fin le van a aplicar la justicia a una vil asesina que mató por la espalda a mi teniente coronel, un magnífico militar y una excelente persona, Pero, rápidamente me digo: No te hagas ilusiones, lo más probable es que cuando llegue a nuestra querida España, como máximo, la detendrán una temporada y la dejarán en libertad. Hablando en claro: ¡la blanquearan! y, a continuación, la homenajearán y, por tanto, se reirá y se volverán a reír a carcajadas de sus víctimas directas, los que asesinó, de los familiares de estos, de sus amigos y de todas las personas que saben que bajo ningún concepto se debe matar. Y en qué me baso para razonar así, pues en la actuación diaria de nuestros dirigentes políticos actualmente en el poder, con respecto a los etarras, a los que de manera encubierta los benefician. Y, lamentablemente, no estoy inventando nada, no lo hago bajo ningún tipo de rencor, que podría tenerlo. Solo humildemente, desde aquí, clamo y reclamo que cumplan las penas impuestas los asesinos.

El teniente coronel don Ramón Romeo Rotaeche había nacido en Burgos, pero vivía en el País Vasco desde su niñez. Era el jefe de la Zona de Reclutamiento del Gobierno Militar de Vizcaya, le habían ofrecido destinos fuera del País Vasco, los que rechazó pese a haber recibido amenazas de la banda terrorista. Cuando sufrió el atentado de Munguía, viajaba junto a otros compañeros, dos de ellos resultaron heridos, uno en un brazo y otro en la cabeza, este de gravedad. El teniente coronel resultó ileso pese a que el vehículo fue ametrallado. Estaba considerado como «muy liberal» tanto en los medios castrenses como entre sus numerosos amigos en Bilbao. Era técnico de la construcción y de cálculo de estructura. Estaba casado, tenía seis hijos y 52 años de edad. El atentado fue el 19 de marzo y falleció el 21 del mismo mes.

¿Por qué con anterioridad lo he calificado de «magnífico militar y excelente persona»?, porque lo conocía bien. Estábamos destinados los dos en el Gobierno Militar, aunque en distintas unidades: él en la Zona de Reclutamiento y yo en Policía Militar, ambos en el mismo acuartelamiento, por ello nos veíamos a diario y hablábamos con frecuencia, por esto sabía del trato de compañero y de jefe que nos dispensaba a todos. Casi diariamente recibía visitas de personal civil, la mayoría antiguos soldados que estuvieron en otra épocas bajo su mando, que venían a pedirle trabajo y favores, principalmente, para sus hijos, dado que en estos años había mucho paro. El teniente coronel conocía al empresariado vasco, además estaba amenazado por la ETA y permanecía en Bilbao como militar. Un día un soldado de la Policía Militar que estaba de plantón —vigilante sin arma de fuego, uniformado con correaje y machete— cuando teníamos a diario los manifestantes en la puerta del Gobierno, me informó de que uno de ellos había tomado nota de la matrícula del coche del teniente coronel cuando éste entraba en el acuartelamiento. En cuanto se lo comuniqué me respondió muy tranquilo:

—No te preocupes, me la habrán tomado tantas veces que una más no cambia la situación.

Al funeral, *corpore insepulto,* que tuvo lugar en el interior de la Basílica de Nuestra Señora de Begoña, además del personal militar, asistió personal civil; no obstante, faltaron muchos de estos a los que el teniente coronel les había hecho favores, pero, repito una vez más, el miedo es libre y les puede a las personas que no son valientes. Desde el coche fúnebre, que aparcó próximo a la basílica, hasta el interior del templo, en este corto recorrido, fue escoltado el féretro por soldados de la Policía Militar de Bilbao.

El clero en el País Vasco

¡Muy malas, malísimas gentuzas! Salvo excepciones. De todos es sabido que la ETA «nació» en las sacristías vascas y hay muchas pruebas de ello, —la compañía de Jesús cedió su casa de ejercicios espirituales para que se llevase a cabo la reunión de etarras que llamaron V Asamblea—. A partir de entonces, se recrudeció la lucha armada. En el año 1979 cuando llegué a Vitoria, yo pensaba: Serán solamente algunos curas. No puede ser que todos estén a favor de la ETA. Pero, desgraciadamente, me equivoqué. Pasado unos meses ya en Vitoria, había calibrado el ambiente. Así, observé que, cuando había un atentado en el que moría un guardia, un policía, un militar o cualquier otra persona que asesinaba la ETA, en la homilía, de la misa del domingo, los curas no hacían mención alguna, aunque hubiese ocurrido en la puerta de su iglesia. Aclaro: soy católico y creyente a mi manera, pero tengo la costumbre, desde pequeño, de oír misa los domingos, cuando puedo; de ahí, mi información sobre este tema. Cambiaba de iglesia, y los curas continuaban en silencio. Parecía que recibían órdenes superiores. Llego a Bilbao y observó la misma táctica más con el agravante de que cuando muere un etarra, si hacen mención del hermano muerto y, con más o menos hincapié, emiten su pena los curas.

Por qué no hacen lo mismo cuando asesinan a un inocente, que también es hermano e hijo de Dios. Pensaba y volvía a preguntarme: ¿Cómo un representante de Dios puede hacer esta diferencia?, ¿Cómo pueden apoyar a los asesinos?, ¿Cómo colaboran para que asesinen si el mandamiento más importante de la Ley de Dios es «no matarás»?, ¿qué clase de curas son estos? A partir de estas preguntas y de otras parecidas, dejé de ir a misa en Bilbao en mi primera época.

En el periódico *La Razón* del martes 1 de diciembre de 2020, en el artículo de Matías G. Rebellón, dice lo siguiente:

BAJADA DE BANDERA: LOS TAXISTAS QUE EJECUTÓ ETA.

El documental de Felipe Hernández Cava y Rafael Alcázar en colaboración con la Fundación Miguel Ángel Blanco, retrata el ensañamiento de la banda terrorista también con su primer blanco civil.

El 17 de mayo de 1985, cuatro individuos se subieron al taxi de Juan José Uriarte. A la altura de la localidad vizcaína de Bermeo, los tres hombres y una mujer que se revelaron como miembros de la banda terrorista ETA pusieron de rodillas al taxista y le asestaron un tiro en la parte izquierda de la nuca. Cuando Uriarte todavía se encontraba con vida, en el suelo, le volvieron a disparar sin piedad y hasta en tres ocasiones hasta que ya no se movía. Minutos después, una llamada a la Asociación de Ayuda en Carretera en Bilbao dejaba registrada la frialdad de los verdugos: «Hemos dejado tieso a un chivato», se puede leer en la transcripción oficial de los hechos.

El asesinato de Uriarte, justificado en la macabra lógica de la banda como la pena máxima a los informantes, fue el último de una serie de trece que se cebaron con el colectivo civil, por encima de la política, más afectados por la violencia en el País Vasco. El crudo y realista relato es uno de los que dan forma a «Bajada de Bandera», el nuevo documental de Felipe Hernández Cava y Rafael Alcázar, en colaboración con la Fundación Miguel Ángel Blanco que intenta dar voz a aquellos asesinados por la ETA que cometieron el «terrible crimen» de llevar a cabo un servicio público.

Lo más llamativo del caso de Uriarte, dentro de los parámetros en que se movieron durante años estos sucesos, es que informaciones que manejaba la sanguinaria organización eran erróneas y, de hecho, el taxista que había dejado viuda y cuatro hijos, tenía lazos con el nacionalismo oficialista. Su primo, el obispo auxiliar de Bilbao, Juan María Uriarte, salió rápidamente a desmentir la calidad del informante del asesinado y ETA retiró la reivindicación cuando ya era demasiado tarde para el taxista.

Hernández Cava, director del documental y mitad de Caín, pareja de viñetistas de *La Razón*, lo explica: «Dejar de reivindicar un crimen después de lo que diga un obispo ayuda a entender mucho de lo que ocurrió en esos años. Aunque la película se centra en los taxistas asesinados, sirve también para ilustrar parte del desarrollo de la banda». En efecto, la sangrienta historia de la ETA y el taxi se remonta hasta su primer asesinato civil y el tercero en el cómputo global. En abril de 1969, cuando la organización todavía se asociaba más al antifranquismo que al independentismo, la huida de un etarra en el taxi de Fermín Monasterio le costó la vida tras cuatro tiros a bocajarro. En una especie de dantesco paralelismo en el primer crimen de un conductor, la iglesia vasca volvió a jugar un papel crucial: «Miembros del clero fueron escondiendo a Miguel Echeberría Iztueta, el asesino, y llegaron hasta hacer la tonsura, para que pareciera uno más en su escapada. Llegó a haber detenciones, pero aquello no era ni mucho menos un caso aislado», matiza el realizador.

El capitán capellán, el pater, que estuvo destinado en el Garellano en los años 1989 y 1990, ya en el acuartelamiento de Soyeche, Munguía (Vizcaya), en un corto periodo de tiempo, fallecieron su madre y su hermana, se quedó sin familia en Soyeche, pero no apareció ningún cura vasco para darle el pésame, o decir la misa de los domingos en la capilla del acuartelamiento, cuando se tenía que ausentar por motivo de la enfermedad de sus tan queridos familiares, y había cantidad de curas en Bilbao, Munguía y sus alrededores. La causa: ¡Era sacerdote militar!

No debo de dejar de hacer mención en estas hojas del obispo de San Sebastián: Setién, el peor personaje, que ya es decir, que se movía por el escenario vasco en los años de que trato.

Me podría extender, pero deseo no perder mucho tiempo con este impresentable. Prohibió que en su templo se celebraran funerales de las personas asesinadas por la ETA, o cuando la presidenta del Partido Popular en el País Vasco, María San Gil, y otras mujeres, algunas de ellas con familiares víctimas de la ETA, fueron a pedirle como cristianas y católicas ayuda, las ahuyentó diciendo:

—Dios, como padre quiere a unos hijos más que a otros. ¿Dónde está escrito que hay que querer a todos los hijos por igual?

¡Valiente sandez!, ¡Y era nada menos quien lo dijo el obispo de San Sebastián!, que debía de predicar con el ejemplo de buen cristiano. Me preguntaba entonces y sigo preguntándome ahora cómo la iglesia lo mantuvo en el cargo hasta casi última hora. Los obispos y curas del País Vasco, que entonces tenían poder, podían haber hecho mucho para evitar los crímenes cometidos por la ETA, pero no lo hicieron: antes todo lo contrario: colaboraron con la ETA muchos de ellos, como acabamos de ver.

Siempre en el comportamiento general de un colectivo que forma parte de una barbarie hay alguien, sensato, que no comulga con ella y denuncia la sinrazón, este es el caso del padre don Jaime Larrinaga, párroco de Maruri, pueblo muy próximo al acuartelamiento de Soyeche, cuando en el año 2001 junto con los jesuitas don Antonio Beristáin y don Fernando García de Cortazar, crearon *El Foro* y *El Salvador*, y denunciaron como cristianos los asesinatos de la ETA. Demostraron ser verdaderos cristianos y personas valientes en un terreno tan adverso. Por su actitud ejemplar, se merecen y se merecerán siempre todo nuestro respeto y admiración.

Por qué dejé de llevar mi pistola cuando iba de paisano

Era un día del mes de mayo, por la tarde, habíamos salido de un bar próximo a la plaza de toros, tres amigas, mi amigo Agustín y yo, en el coche de este. Conducía él y una de las amigas iba de «copiloto», los tres restantes en el asiento trasero. Yo iba en el centro del mismo cuando llegamos a la plaza Zabálburu. Desde allí bajamos por Hurtado de Amezaga e íbamos llegando a la de la plaza Biribila, próxima a la estación de ferrocarril de Abando por la densidad de tráfico nos paramos.

Los transeúntes pasaban por entre los coches para ganar una u otra acera cuando, de repente, tres chicos jóvenes se dirigen hacia nuestro coche y uno de ellos abrió la puerta trasera derecha e, inclinando los hombros, introdujo la cabeza en el interior. Al momento, retrocedió diciendo en voz alta: Vámonos, que estos no son. Y se fueron a la otra acera con un ligero trotecillo. Yo llevaba mi pistola del 9 corto en el bolsillo de la chaqueta, y la empuñé cuando el «polizón» retrocedía. Creo que ni la vio. Las amigas que nos acompañaban se pusieron muy nerviosas, diciendo «venían por ti». Querían bajarse y salir corriendo:

—Si hubiesen venido por mí, lo habrían conseguido —dije para tranquilizarlas—, pues han sido unos segundos lo que han tardado en abrir la puerta e inspeccionar. Si hubiese llevado pistola, la habría disparado, Por lo tanto, tranquilas, que estos eran unos jóvenes que esperarían a alguien y se han confundido de coche, o son unos gamberros.

Se tranquilizaron y continuamos nuestro camino hacia el monte Archanda, donde en apariencia se nos olvidó lo ocurrido. A solas, analicé el momento como ya lo he descrito, pero, además me dije que si hubieran venido a asesinarme, sin lugar a dudas, habrían venido por la espalda, por lo que de muy poco me hubiera servido mi pistola. Y si en una situación como la de hoy, pierdo la calma y disparo, hubiese sido un gravísimo error, lo estuve en aquel momento y continúo estando, que se trató de unos jóvenes traviesos y despistados.

Noche de Navidad de 1980

Estas eran las segundas navidades que pasaba en Bilbao. Después de acompañar al personal de tropa y al de servicio a la cena en el cuartel, me desplacé a Baracaldo para cenar en casa de mis primos, que me habían invitado. Durante la misma surgieron conversaciones de todo tipo, abundando las relativas a Gaucín en general y de nuestras vivencias de pequeños en particular. Recordando estas cosas, me dijo mi primo Salva, que había destinado en la casa cuartel del Valle de Trápaga o de Ortuella, no recuerdo bien, un sargento que de pequeño había estado con nosotros en la escuela, cuando su padre —guardia civil— se hallaba destinado en Gaucín y que en varias ocasiones le había expresado su interés en verme. Terminada la cena y cuando las niñas, todavía pequeñas, empezaron a mostrar cansancio y sueño, me propuso Salva que nos acercáramos al cuartel de la Guardia Civil para felicitar la Navidad a los guardias «y, así, saludas a nuestro amigo el sargento».

—Muy bien. Como quieras —le respondí—. Ya sabes que rápidamente me apunto a un bombardeo y más a éste.

Y con la mirada un poco entreverada de su mujer, salimos de casa y, en mi coche, nos dirigimos al acuartelamiento. Cuando llegamos, me identifiqué y expuse el motivo de nuestra visita. El guardia de puerta me informo de que el sargento por el que me interesaba se hallaba en el primer turno de permiso:

—Pero pueden pasar a felicitar a los compañeros de servicio.

Y en una sala no lejos de la puerta donde se hallaban, con semblante serio, un cabo y dos guardias, los tres con correaje, cartucheras y cargadores al cinto más el subfusil reglamentario colgado del hombro y cruzado delante del pecho, iguales que su compañero de servicio de puerta. Estábamos en Vizcaya a últimos del año 1980.

En la sala tenían una pequeña mesa con unos dulces, una botella de anís, otra de coñac y varias copas, pequeñas de balón, limpias. Felicitamos a los de servicio, dejamos cuatro botellas de champán, que llevábamos para esa ocasión, sobre la mesa y aceptamos una copa y un dulce. El cuartel estaba en silencio, no parecía que era la noche de Navidad, salvo por un agradable olor a pestiños y roscos de aceite fritos que me recordaron los de mi infancia. No sé cómo se corrió la voz en el acuartelamiento, que tenían visita de un teniente andaluz y su amigo, pero, al pronto la sala se llenó de los guardias francos de servicio, mujeres y niños, que aportaron pestiños, roscos, perrunillas, piñonate y tortas fritas todas caseras, que olían a Extremadura y Andalucía de donde éramos la mayoría de los allí presentes, Cantamos canciones navideñas hasta la madrugada como si estuviésemos en un pueblo andaluz o extremeño. Los civiles, «civilas» y los niños agradecieron nuestra presencia. Nos despedimos de ellos agradeciéndoles la buena noche de Nochebuena pasada con ellos y, a la vez, contentos por haber colaborado a pasarlas ellos.

Una madrugada en el puerto

Una mañana de último de diciembre, me llamó a la compañía desde Madrid, donde se había trasladado días antes a pasar la Nochebuena, mi amiga Maite, preguntándome si podía ir a recogerla esa noche a la estación de ferrocarril a la llegada del tren expreso Madrid-Bilbao, que llegaba a las 9 de la noche.

—Sí, Maite. A mandar, que yo obedezco con mucho gusto.

La estación estaba relativamente cerca de la residencia militar del Garellano y, a la hora prevista, estaba en la estación. El tren llegó puntual, recogimos las maletas y montamos en mi coche con dirección Deusto, donde vivía. Pasada la ría, le propuse tomar unos vinos en el barrio de pescadores de Guecho, puesto que no era muy tarde y esos bares no están lejos.

—Vale. Muy bien.

Y continuamos hasta llegar a la explanada del espigón, donde había varios vehículos aparcados con parejas contemplando las olas que rompían sobre el malecón.

Aparcamos y subimos por las empinadas escalinatas hasta la calle de los bares del puerto típicos marineros, al igual que sus pinchos y platos de la mar.

Al entrar en el bar-restaurante que solíamos ir el grupo de amigos me dijo Maitechu con el valor de una propuesta:

—¿Sabes que con el olor a marisco me apetece cenar algo? No he comido nada desde un poco antes de salir de Madrid.

Allí me tomé un bocadillo en Casa Rodilla.

—Pues yo no tengo ninguna prisa. Así que, vamos a cenar.

Pedimos unas raciones, acompañadas de pescado, marisco y unos vinos y el tiempo se pasó rápido, de modo que cuando vinimos a darnos cuenta, pasaban las 12 de la noche. Pagamos la cena, dejamos el bar de pescadores, que ya estaban recogiendo, y bajamos a la explanada del malecón donde solamente estaba mi coche, pues los demás, dada la hora, se habían marchado. La niebla espesa cerraba la noche, las olas saltaban el muro, entramos en el coche, encendimos un cigarro y nos pusimos a contemplar el humo, la niebla y las olas... Pasado un poco de tiempo, cuando más ensimismados estábamos, abren con rapidez la puerta delantera izquierda y la trasera derecha, a la vez, y oímos gritos de «¡Policía, Policía, estáis rodeados!» y en segundo pensé: Dentro de lo malo lo mejor, aunque con los nervios nos pueden pegar un tiro. Pero gracias que son policías y no son etarras. Esta situación requiere tranquilidad. Y así lo hice. Comprobé que verdaderamente eran policías por su forma de actuar: el jefe de la patrulla, un cabo 1.º, me gritó:

—¡No moveros! Manos al volante y tú —dijo dirigiéndose a Maite— pon las manos en el salpicadero!

La boca de fuego del subfusil del cabo 1.º estaba cerca de mi sien y la del policía que abrió la puerta trasera estaba en la nuca de Maite. Ante esta situación, lo más pausado que pude dije:

—Tranquilos, tranquilos. Soy compañero vuestro. Soy militar.

—¡Documentación, documentación! —me pidió alterado el cabo 1.º.

—La he dejado olvidada en la residencia militar.

Maite que no estaba muy alterada, a pesar de las extrañas circunstancias, dijo:

—Si te vale la mía, yo la llevo en el bolso. He venido esta noche de Madrid. Además, también llevo el billete del tren.

—Pido la documentación del señor, no la suya —respondió cabreado el cabo 1.º—. No muevas las manos del salpicadero.

Los policías alucinaban, poco a poco fue bajando la tensión hablando y dándole yo nombres de capitanes y tenientes de infantería destinados en la Policía Armada que yo conocía, y él también conocía a algunos. A partir de aquí, hablamos como militares, entonces la Policía Armada tenía carácter militar, por ello le dije:

—No debemos complicar esta situación. Si quieres, te sigo con mi coche, nos acercamos a la residencia del Garellano y te enseño mi documentación, o nos acercamos al regimiento o al Gobierno Militar para que me identifique el oficial de guardia. Además, de cualquier manera, tú vas a estar unos días en Bilbao, (pertenecían a la Compañía Móvil de Logroño), te pasas, o pasáis por el Gobierno Militar, que allí está mi compañía, y nos tomamos un café o una cerveza.

Pasado unos días, por la mañana, se personó el cabo 1.º y uno de los policías en el Gobierno Militar y, como les había prometido y deseaba, les invité a café. Seguían alucinados y, entre otras cosa, me comentaban que les costó trabajo, *a priori*, creer de que yo fuese militar, por estar en aquel lugar a aquella hora y con un coche de color rojo Seat 1430, matrícula de Tenerife, que no habría otro igual en la plaza, y además:

—Al estar destinado en la Policía Militar, ¿será muy conocido en Bilbao?

Le pregunté el motivo de su actuación de forma tan activa y me respondieron que se debía a que esa misma tarde habían robado un Seat 1430, a punta de pistola, en Somorrostro, y creyeron que podía ser el que allí estaba aparcado, que dado el lugar y la hora, creyeron abandonado:

—Pero al comprobar que estaba ocupado, adoptaron todas las medidas de seguridad preceptivas. Se despidieron militarmente recomendándome, por favor, tuviese mucha precaución con mis aparcamientos nocturnos.

Voluntarios para todo

Realizamos la Compañía de Policía Militar n.º 64 de Bilbao varios servicios de escolta a convoyes de camiones pertenecientes a la Unidad de Transporte de la Capitanía General de Burgos, que llevaban material de fortificación, —piquetas de hierro y rollos de alambres de espino— desde el muelle de Bilbao a San Sebastián, al acuartelamiento de Loyola, donde lo entregaban al Batallón de Zapadores, para la Operación Alazán (1981). Creo que todo este material era para alambrar los pasos fronterizos del pirineo navarro, que utilizaban entonces los llamados mugalaris, Eran varias horas de carretera pendientes de la seguridad del convoy, de ordinario mojados y con mucho frío, pues nuestros vehículos de escolta los Jeep, iban semidescubiertos, las lonas, de los toldos, laterales y trasera iban levantadas y cogidas a los arquillos del techo que, para mayor visibilidad y por si tenían que abrir fuego ante un atentado, los traseros iban sobreelevados. Algunas veces, el día antes del servicio desde cabinas telefónicas llamaban amenazando que sufriríamos un atentado en el recorrido. Esto lo hacían con relativa frecuencia para otros servicios, por lo que no tomábamos mayores medidas de seguridad, ya que las diarias eran rigurosas. Pues bien, los componentes de estas patrullas de escolta siempre eran voluntarios, y como lo eran todos, tuvimos que dar prioridad a los que más tiempo llevaban sin hacerlo. Y toda la tropa era del reemplazo, incluidos los cabos 1.º, formidable personal que procedían de todas las provincias españolas. Ninguno le tenía miedo a la ETA.

El ejército nunca intervino en la lucha contra la ETA

El ejército nunca intervino en la lucha contra la ETA, no obstante, a lo largo de los años hubo dos ejercicios tácticos llamados Operación Iruña (1974), con la finalidad de reconocimiento de la frontera vasco-navarra-francesa —en ella participaron unidades destinadas en el País Vasco, Navarra y en el Pirineo Aragonés—, y la Operación Alazán (1981), de impermeabilización de la frontera (franco-española) para impedir el paso del personal de la ETA a uno y otro lado guiados por los mugalaris. Esta operación duró cuatro meses.

Como vemos, estos ejercicios estuvieron orientados hacia un reconocimiento del terreno de los pasos fronterizos y sus inmediaciones. Por ello, las unidades del ejército destinados en el País Vasco y Navarra, o fuera de estos, no participaron nunca en la lucha contraterrorista de la ETA. Los medios de comunicación proetarras en varias ocasiones publicaron noticias falsas en que involucraban al ejército en la lucha contra la ETA, con lo que pretendían, además de enfrentar a la sociedad vasca con el ejército, dar un carácter de guerra entre dos ejércitos: de ahí, cuando en varias ocasiones, a nivel político, conversaron con los etarras, estos exigían la presencia de al menos un militar en sus conversaciones. Pero jamás lo consiguieron. Ahí, estuvieron acertados los gobiernos españoles, pues, de haberlo aceptado, hubiesen catapultado a una banda de criminales, asesinos y mafiosos a nivel de ejército, que es lo que pretendían alcanzar los etarras y proetarras. En los primeros intentos de negociación entre el Gobierno de Suárez y la ETA, el entonces su dirigente Txomin exigió la presencia militar para realizar cualquier acuerdo.

Sí hubo algunas conversaciones de algunos dirigentes de la ETA con algunos militares que se hallaban destinados en órganos del Gobierno no relacionados con el ejército y lo hicieron de modo individual y, solamente para tratar el final de la ETA. Relacionado con este tema, conversé en varias ocasiones con el compañero y amigo teniente Ugarte Basategui, tanto en Las Palmas de Gran Canarias donde estuvimos destinados en el mismo acuartelamiento, él en la Compañía de Operaciones Especiales n.º 103 y yo en el regimiento de Infantería Canarias n.º 50, y años más tarde volvimos a coincidir, ya de capitanes, en el acuartelamiento de Soyeche-Munguía (Vizcaya), él en el regimiento de Infantería Garellano n.º 45 y yo en la Unidad de Servicios de Acuartelamiento (USAC, Soyeche), por lo que dispusimos de mucho tiempo para hablar del tema ETA. Me dijo que su padre, el entonces teniente coronel Don Ángel Ugarte que se hallaba destinado en el SECED —Servicio Central de Documentación— al servicio del Gobierno, tenía previsto un encuentro el día 2 de noviembre de 1975, a las 11,00 horas de la mañana, con el dirigente de la ETA militar José Miguel Barañain «Argala» en los Campos Elíseos de París para tratar una negociación. Pero Argala no acudió al encuentro. Pasado un tiempo, el 30 de noviembre de 1976, en el Hotel D'Alleves, en Ginebra, se reunió su padre como representante del Gobierno de Adolfo Suárez con los dirigentes de la ETA político-militar Javier Garafalde, alias Erreka y José María Galarraga, alias Txaflis para tratar una posible negociación. No fue posible un acuerdo aunque le ofrecieron a los etarras grandes «privilegios». A don Ángel Ugarte, el padre de mi amigo, lo conocí personalmente cuando ya de general: era el director de la Academia de Artillería en Segovia. Me causó una excelente impresión como militar y persona, por ello guardo un grato recuerdo de él.

Es de importancia precisar, como bien señala en un interesante artículo en la *Revista del Ejército de Tierra* n.º 767, el general don Miguel Ángel Ballesteros, que España no utiliza a sus Fuerzas Armadas contra los terroristas de la organización ETA, «sino que procura su detención únicamente por procedimientos policiales sin aceptar el conflicto asimétrico en los términos planteados por los etarras».

Chu-Lin-Yong, el Chino

Un personaje que se convirtió en un excelente amigo ocasional. Llevaba poco tiempo en Bilbao cuando, un anochecer lluvioso, entré en una cafetería que hacía esquina en la plaza Moyúa. A estas horas, estaba casi vacía, sólo unas ocho o diez personas se extendían por la larga barra. Pedí un café con unas gotas de coñac, Magno, para quitarme el frío, pues iba un poco mojado porque el impermeable que llevaba era muy fino y aguantaba poca agua, pero era muy práctico, pues cabe en el bolsillo cuando dejaba de llover. Por ello, estaba de moda. En la barra, a mi derecha, se encontraba un señor bien vestido y cara de oriental. Estaba tan solo como yo, por ello le ofrecí un cigarro mostrándole el paquete de cigarrillos y, al tiempo, le pregunté si fumaba. Creí que no me iba a entender, por ello me sorprendió cuando me dijo:

—Sí, muchas gracias —en un castellano perfecto con un pequeño deje argentino.

A partir de aquí, comenzó nuestra amistad y se incorporó al grupo de amigos completamente integrado como uno más. Poseía un fino sentido del humor y se le notaba su mundología. Se alojaba en el Hotel Carlton. Sabía que yo era militar y me acompañaba siempre que podía. No tenía miedo de ser mi amigo.

Un día me dijo quién era y qué hacía: dijo ser vietnamita con nacionalidad norteamericana. Sus padres habían trabajado en los hospitales de campaña del ejército de los Estados Unidos durante la guerra de Vietnam. Cuando se replegaron a sus bases las tropas estadounidenses, sus padres y él fueron evacuados junto a ellas, por lo que pasó unos años viviendo entre Argentina, Chile y los EEUU, y ahora se hallaba residiendo en Bilbao por motivos de trabajo. Trabajaba para una multinacional que deseaba ampliar sus negocios e instalarse en el País Vasco, por lo que deseaban comprar terrenos y edificaciones en la zona industrial que, entonces había muchos en venta y a precios asequibles. Él hacía un estudio de mercado relativo a terrenos y edificaciones y con frecuencia se desplazaba a Vitoria y San Sebastián, pero, en cuanto podía, regresaba a Bilbao donde decía, se encontraba como en su casa, gracias a nuestro grupo de amigos y las comodidades que le brindaba la ciudad. Un día, con cara compungida, me comunicó que tenía que marcharse de Bilbao, pues la dirección de su empresa le había notificado que dada la inseguridad reinante en el País Vasco les era prohibitivo invertir, porque la situación que se vivía en la zona duraría, al menos treinta años, ¡y no se equivocó! Esto me lo comunicó en el mes de octubre de 1980. ¡Sigo preguntándome quién era el chino y quienes eran sus jefes! En el año 1981 recibí varias postales suyas enviadas una desde Monterrey (México), otra desde Hong Kong (China) y la quinta o sexta desde Johannesburgo (República Sudafricana). Entonces no había teléfonos móviles.

En el grupo le llamábamos cariñosamente Chino, por sus rasgos, y él se hacía llamar así. He hecho mención a Chu-Lin-Yong, por la precisión con que vaticinó el final de la ETA armada.

¡Qué canales de información sobre el País Vasco tendrían sus jefes!

Las amigas y amigos de Deusto

En nuestro deambular nocturno, y diurno en fines de semana y festivos contactamos con otro grupo de amigos en la zona de Deusto, con estos sí hablaba de la situación en el País Vasco. No sabían que era militar, hablé más con cuatro de ellos Arancha y Julieta, las dos estudiantes, la primera de Filología Inglesa, la segunda de Biología, y Nerea y Juanra, los dos profesores, la primera de Historia y el segundo de Matemáticas: estos eran un poco mayores que nosotros. Arancha y Julieta defensoras acérrimas de la independencia vasca, admiradoras de Sabinó Arana del que sólo habían leído su nombre en algún pasquín, creyentes entre otras grandes barbaridades de que los vascos poseían una masa encefálica mayor, dado que el perímetro craneal también lo era, y no se que retahíla se traían con los cromosomas que los hacían pertenecer a una raza superior —nazismo puro—, apostaban para que en las escuelas, los de ocho apellidos vascos, recibieran las clases separados de los que no lo poseían. A este respecto, hubo uno intentona, para que así fuera, aunque ello significara despreciar los «maquetos» y a sus descendientes, aunque ya fuesen vascos de nacimiento. En especial, les tenían fobia a los andaluces. Creían estas dos niñas que todavía las andaluzas llevaban alpargatas de esparto, vestidos de colorines y la cesta de la compra era de palma, como la mayoría de las inmigrantes que llegaron a las Vascongadas, allá por los años 40 y 50 del pasado siglo.

Lo único que poseían de sentido común era que no apoyaban a la ETA y repudiaban sus crímenes. Sobre estos temas hablamos muchas tardes y noches ante unos chiquitos o unos *gin tonic*, según horario. Dado que no eran partidarias de la ETA ni de los partidos que la apoyaban, continuó nuestra amistad con las del otro lado de la Ría, «pero quiso Dios...» Como decía la vieja canción, que Julieta estuviera una temporada en la Universidad de Granada por un intercambio, y en el verano de aquel año, Arancha pasase unos días de vacaciones en Málaga y Sevilla. A raíz de salir de Bilbao, dejaron de mirarse sus respectivos ombligos al comprobar que los estudiantes de la Universidad de Granada no tenían nada que envidiar a los de Deusto y que las andaluzas no llevaban alpargatas de esparto y sí mucha elegancia en el andar y en el vestir. Regresaron maravilladas de la Alhambra, el Albaicín, de la Puerta de Elvira de Granada, de la calle Larios y la Alcazaba de Málaga, de sus playas y el entorno de la Costa del Sol, de la Giralda, la Catedral, la Torre del Oro y del barrio de Triana de Sevilla, entre otras muchas.

Nerea y Juanra ya habían visto mundo, tenían los pies en la tierra. Habían leído a Sabino Arana y no compartían nada con él, por lo que eran partidarios de una España unida y, por lo tanto, repudiaban a la ETA totalmente. Me costó saber sus pensamientos con respecto a este tema, pues no lo manifestaban por temor a que lo tacharan de españolazos. Además la Universidad de Deusto, en aquellos años, era un verdadero campo de «minas» sembrada por los proetarras que eran la mayoría —profesores y alumnos—, y los que no lo eran tenían que ver muy bien por donde pisaban. Nuestras conversaciones siempre fueron muy variadas y amenas para mí. Los sigo recordando.

Por estas fechas me visitó en Bilbao mi primo Juan, entonces estudiante de tercero en la Facultad de Derecho de la Universidad Complutense de Madrid y nos comentó que organizaciones juveniles de los partidos de «corte muy democrático», entonces, cómo ORT (Organización Revolucionaria de Trabajadores), PTE (Partido del Trabajo de España), LCR (Liga Comunista Revolucionaria), nunca condenaron los asesinatos de la banda terrorista ETA. Siempre decían: «algo habrán hecho para que los maten», «frase que a la mayoría de los estudiantes nos ofendía». Los tentáculos de la ETA llegaban también a la Complutense.

Unos segundos de intranquilidad

Con motivo de la Semana Grande de Bilbao, tradicionalmente acudían a representar, entre otros, en el teatro Arriaga, situado en la margen derecha de la ría, sus obras de teatro las mejores compañías de la temporada española-madrileña, con sus mejores actores, lo que era un verdadero privilegio. No recuerdo bien que obra representaban, quizás: Fausto de Gotten, por la compañía de Adolfo Marsillac, siendo éste su primer actor. Abrían la taquilla a las 18,00 horas y con la finalidad de adquirir seis entradas, me fui un poco antes para evitar en lo posible las largas colas que de ordinario se formaban. Atravesé el puente del Arenal y, al ver que no había nadie esperando que abrieran la taquilla, aún faltaban veinte minutos, me quedé en la acera.

No había persona alguna por los alrededores y poca circulación. Hacía calor. De repente, un coche que se disponía a pasar el puente de la margen derecha a la de la izquierda, se paró a unos 15 metros de donde me encontraba, y bajaron del mismo tres jóvenes con melenas y una bolsa de costado colgada del hombro de cada uno, y se dirigieron un poco abiertos en abanico hacia la puerta del teatro, en cuyas inmediaciones yo me encontraba.

Estaba totalmente indefenso. De pronto, meten las manos en sus bolsas de costado y empezaron a tirar propaganda proetarra, sembrando de octavillas los alrededores del teatro. A continuación, cruzaron el puente a la carrera donde seguramente les estaría esperando el coche que les dejó en las inmediaciones del Teatro Arriaga. Fueron unos segundos de intranquilidad para mí, pero no perdí la compostura: vi que la cosa no iba contra mí. ¡Podía haber ido...!

Las *majorette*

Eran tres amigas, y mediaban la treintena, de ahí que, en lenguaje convenido, por ser mayores que nosotros, las llamáramos así, Las *majorette*. Iban siempre juntas y rondaban por las tardes, por las calles del chiquiteo y, anochecidas y madrugadoras, por los *pubs* de la zona de Banderas de Vizcaya y sus alrededores. Cuando estábamos solos, se acercaban a nosotros y pasábamos un rato de charla, en uno y otro sitios; eso sí, siempre pagábamos nosotros, nuestra educación militar, respecto a las damas, siempre era así. Las *majorette* no sabían que éramos militares, ni nos preocupaba lo que ellas pensaran respecto a la temática en que vivíamos. Hablábamos de cosas intrascendentes, pues no poseían mucha formación académica. Pues bien, una noche que nos hallábamos con ellas en Bilbao, no recuerdo por qué motivo, mi amigo Agustín y yo nos preguntamos:

—¿Por qué no vamos a tomar unos vinos al mesón de Erandio?

Tenía mi coche aparcado bastante cerca de donde estábamos, así que no lo preguntamos dos veces y nos fuimos. Cuando íbamos a mitad de camino, había un control de la Guardia Civil de la Unidad Especial GAR —Grupo Antiterrorista Rural—, que se hallaban alojados en el acuartelamiento de Munguía, entonces de Artillería.

Llovía, casi diluviaba, y los guardias, muy bien instruidos y disciplinados, se encontraban cada uno en su punto de control, con su armamento en prevenga cumpliendo todas las medidas de seguridad perfectamente en su misión de control.

Paré a la altura indicada y el guardia me hizo las preguntas rutinarias: que adónde íbamos, que de dónde venimos... Alumbró con su linterna para comprobar cuantos íbamos y:

—Pueden continuar.

Las boinas verdes de la unidad especial chorreaban agua, igual que sus capotes. Al poco, comenta una de las *majorette:*

—¿Os habéis fijado en las caras de criminales que tienen los guardias?

—Sí, de verdaderos asesinos —respondió la otra.

—Son lo que parecen —dijo la tercera.

—Son guardias civiles, que están cumpliendo con su obligación —argumenté muy excitado—. Son excelentes personas que están jugándose la vida diariamente en estas tierras.

Paré el coche y les dije en tono autoritario y totalmente enfadado, que se bajaran, se asustaron, no atinaban a hablar, no se bajaron, era de noche, en un descampado y diluviaba. Di media vuelta y regresé a Bilbao y, pasado el puente de la Salve, les dije que se bajaran, ya con un tono más tranquilo, y así lo hicieron sin rechistar. Después las vi varias veces por la zona, mas nunca le dirigí la palabra, ellas me miraban de reojos. Entonces, los medios de comunicación proetarras hablados o escritos, envenenaban al pueblo junto a mítines y propaganda, escrita en octavillas y pasquines o dibujada en frontones y paredes, Esta habría sido la fuente de «sabiduría» donde habían bebido éstas tres pelagatas, para destilar ese veneno contra los guardias civiles.

Una noche de hielo

Dado mi edad, destinos y correrías, varias veces he tenido la muerte cerca, pero siempre me ha protegido papá Dios, como decía mi padre. Pero voy a esta del hielo, en uno de los pocos fines de semana que bajé a Madrid, para ver a

Mercedes. Regresé temprano para llegar a Bilbao no más tarde de las 10 de la noche, por tener que salir a la mañana siguiente de servicio hacia San Sebastián. Era mediados de diciembre y la carretera, desde Pancorbo hasta Vitoria, estaba cubierta de nieve blanda, por lo que los vehículos circulaban sin dificultad. Y pasado Vitoria anochecía, y ya en la autovía, donde se inicia la larga subida a Altube, divisé una larga columna de vehículos parados con los pilotos traseros encendidos la mayoría de ellos:

—Un control de la Policía —pensé. Entonces, dada la situación, los controles eran frecuentes.

Reduje la velocidad hasta para tras un camión de gran tonelaje. Me bajé con la intención de preguntarle al conductor que si desde su atalaya divisaba el control, pero no me hizo falta preguntarle: en cuanto puse el pié en el suelo, supe que estaba sobre una pista de patinaje. Entonces me acerqué a él y le dije:

—Ya sé por qué estamos parado. Por el hielo, y tengo que llegar a Bilbao esta noche como sea. Si voy detrás de un camión lo conseguiré.

—Pero los camiones no podemos movernos —me respondió—. En cuanto lo hagamos, harán la tijera y nos quedamos cruzado en la carretera.

Yo le repetí que tenía que llegar a Bilbao.

—¿Qué coche llevas?

—Un catorce treinta —respondí.

—No es mal coche. ¿Llevas cadena?

—No.

—Pues lo tienes difícil si no imposible.

Pero yo tenía que llegar a Bilbao. Por ello, puse primera y pasé al carril de la izquierda, que estaba libre. Al poco, cambié a segunda y anduve 4 o 5 kilómetros por el carril de la derecha y me adelantó un Land Rover, largo, que llevaba cadenas. Le seguí la rodada durante unos 10 kilómetros, pero se iba distanciando y mi coche empezó a patinar: las ruedas vacilaban, no se agarraba al asfalto, pues el hielo ya cristalizado se lo impedía. metí primera y se estabilizó. Yo sabía que si se paraba, allí nos quedábamos. Seguimos avanzando muy lentamente y el control de peaje de Altube para entrada a la autopista de Bilbao parecía estar en el infinito, al ir el coche en primera apenas avanzábamos y la aguja del indicador de gasolina bajaba con rapidez. A un lado y otro de la autovía, fuera de la carretera, había varios vehículos abandonados. Por fin, divisé el puerto ya muy próximo a la llegada del control, que entonces era de pago manual. Eran las 11 de la noche y el señor de servicio quedó anonadado al verme:

—¿Pero de dónde has salido, si hace más de dos horas que pasó el último coche, un Land Rover?

Pensé: el que me adelantó a la salida de Vitoria y le dije cómo está la autopista y si podré seguir hasta Bilbao.

—Si has llegado hasta aquí en una noche como esta, puedes llegar donde te lo propongas —me respondió con cara todavía de incrédulo.

Y volviendo a la realidad, me dijo:

—Ya han pasado las máquinas quitanieves y las de sal por la autopista. Llegarás a Bilbao con total seguridad.

Le pagué el peaje, le di las gracias y llegué a la residencia del Garellano antes de las 12 de la noche. El catorce treinta, tenía calefacción muy rudimentaria, nunca la había utilizado y, lo más probable es que no funcionase. Nunca lo comprobé. Si me hubiese quedado sin gasolina, que a punto estuve de ello, seguro que no hubiera funcionado. En la información meteorológica del día siguiente, comunicaron que la mínima de Altube había sido de 12 grados bajo cero. De regreso de San Sebastián le comenté la subida nocturna a Altube a mi buen amigo Agustín:

—La ETA no te matará, pero cualquier día la vas a liar —me respondió—. Piensa por un momento qué habría pasado si te hubieses quedado parado por causas del hielo o de la gasolina y sin calefacción. ¿Qué hubiese pasado?

—Llevas razón. Toda la razón para ti, pero llegué a Bilbao porque tenía que llegar.

Mis paisanos de Gaucín

Aunque iba espaciadamente a ver a mis paisanos de la margen izquierda, no por mí, sino por ellos, podrían tacharlos de «españolazos», sus vecinos, los proetarras. De vez en cuando aparecía por allí y siempre me acogían bien y se preocupaban por mí. Casi todos los mayores, después de los saludos y de interesarse por la familia, me decían:

—Dieguito, vete de aquí. Ya llevas mucho tiempo y no queremos que te ocurra nada malo.

—Muchas gracias, buenos y queridos paisanos. No se preocupen por mí, nada malo me va a ocurrir. Ya lo verán. Además esta barbarie muy pronto va a terminar —les decía sin ningún convencimiento, pues bien sabía yo que iba para largo.

Pero la verdad es que solo un día pasé un mal momento en Sestao, en casa de los Domeneq, no por mí sino por sus padres. Ya los había visitado en otra ocasión y, como ésta, me habían recibido con toda amabilidad, pero este día el hijo mayor, con más de 20 años, sin venir a cuento, me dijo:

—Yo soy vasco y me parece muy mal que estéis aquí en nuestra patria vosotros, los guardias civiles y los policías.

Ante esta tesitura, yo no podía perder el tiempo y le respondí:

—Donde no debo de estar, es en tu casa.

Me despedí de sus padres y me fui. La madre, por el pasillo, me pedía que no me fuese, y el padre, pasado el tiempo, me lo encontré en la calle y se disculpó e intentaba, de la mejor manera, disculpar al hijo:

—No se preocupe, los padres no tienen que pagar por los hijos.

Era una mañana de domingo y tomamos en una cafetería próxima café con churros. Le podía haber dicho, al hijo, la opinión que tenían la mayoría de los de ocho apellidos, relativa a los hijos de los maquetos, aunque hubieran nacido allí, en la patria de Sabino el Xenófobo.

El gallego

Se «pegó» a nuestro grupo de amigas y amigos Pepiño el gallego. Había sido novio de Lourdes, una de nuestras amigas e intentaba este reanudar las relaciones por lo que, a veces, nos acompañaba. Lourdes le daba una de cal y otra de arena por lo que, él insistía hasta la pesadez. Algunas veces, al verlo marginado, hablé con él y me dijo que llevaba unos diez años en Bilbao, donde trabajaba en una empresa de montajes eléctricos. Una noche me ofrecí para llevarlo a Zorroza, donde vivía y, al pasar por las proximidades del Garellano, le dije:

—¿Ves?, somos casi vecinos.

—¡No me digas que eres militar! —replicó tembloroso.

—Creí que lo sabías. Además tú, como buen gallego, no creo que tenga nada contra nosotros.

—No, nada. Yo estuve muy bien en la mili —me respondió más nervioso aún.

Cuando llegamos a Zorroza, donde vivía, se bajó del coche y se fue sin darme las gracias. ¡Y no volvió al grupo! Yo pensaba que se había cansado de insistirle a su antigua novia, pero, pasado un tiempo, me lo encontré por la calle, en las proximidades del parque de Santa Casilda y me dirigí hacia él para saludarlo más al verme, salió casi corriendo.

—Pepiño, Pepiño —yo gritaba, y él miraba para atrás y aceleraba más el paso.

El miedo de hablar con un militar le hizo huir. Increíble, pero así era en aquel tiempo y lugar.

La mujer de negro

Había visto algunas veces en los *pubs* y en las discotecas del centro de Bilbao, una mujer joven, vestida de negro. Se hallaba siempre sola de pie en la barra o sentada en un taburete. Bebía Coca-Cola y fumaba un cigarrillo tras otro, daba la sensación de que estaba un poco «ida». Un día, un compañero guardia civil le saludó y me contó su historia. Era extremeña, viuda de un guardia civil asesinado en Bilbao por la ETA hacía menos de un año, y le pedí que me la presentara, pues me daba pena su soledad. Pasado un tiempo, una tarde coincidimos en una cafetería y le saludé, pero no me recordaba, lo que resultaba lógico, pues apenas habíamos cruzados unas palabras. Pero rebuscando en la memoria, me reconoció y la invité a merendar. En un principio se mostraba reacia pero, al final, aceptó. Al principio, apenas si hablaba, pero poco a poco, se fue tranquilizando. Estaba muy nerviosa; no obstante, me contó lo de la muerte de su marido: Llevaban solo seis meses de casados y unos etarras asesinos le habían destrozado la vida. Después del asesinato, ella se fue a su tierra pero el mundo se le venía encima: quería estar lo más cerca posible de su difunto marido y, por ello volvió a Bilbao, para recordar los sitios que frecuentaba con él durante los seis meses que vivieron juntos aquí.

Pasaba el tiempo y ella seguía en su soledad. Nos saludábamos con un hola y un adiós, o poco más. Yo no quería molestarla, pero la verdad sea dicha, intentaba ayudarla. Ella, sin embargo, continuaba en su mundo pero, ya próxima la

Semana Grande, coincidimos en una de las chornas y la encontré un poco cambiada, hasta su vestimenta y aspecto: se había pintado los ojos y labios y parecía otra persona, y, sobre todo, parecía estar de nuevo en este mundo. Y se lo hice saber, y le dije que me alegraba:

—Muchas gracias —me respondió—, pero la procesión va por dentro. Creo, de todas formas, que estoy saliendo de la depresión en que he vivido este tiempo. Antes de que empiecen las fiestas, dentro de unos días, me marcho a Madrid, donde viven mis hermanos.

—Que te vaya muy bien y que te recuperes del todo.

La verdad es que la chica se lo merecía. Unos meses después, por el amigo y compañero guardia que nos presentó, supe que había encontrado trabajo en Madrid, en uno de los grandes almacenes, y se hallaba muy recuperada. Me alegré de verdad.

Una vez más los asesinos rompieron dos vidas, y ahora desde el Gobierno de la nación los apoyan y los glorifican, a los etarras, y olvidan a los difuntos, ¡sus víctimas! y a sus familiares.

Mis amigos vascos

No puedo olvidar a mis amigos Yolanda ni a su marido Ignacio —Iñaqui—. Ella de madre vasca y padre burgalés; él, con ocho apellidos vascos. Los conocí a través del grupo. Tenían dos niñas pequeñas, muy guapas por cierto. No salían demasiado con nosotros por falta de tiempo; no obstante hablábamos con frecuencia cuando salíamos a cenar. Ella es maestra y él un pequeño empresario que con su trabajo diario evolucionó hasta tener una mediana empresa en la actualidad. Cuando hablábamos de lo que ocurría en el País Vasco, no lo llegaban a entender: ¿Cómo paisanos suyos, en la segunda mitad del siglo xx, se portaban como verdaderos salvajes? Años más tarde, estuvieron unos días en mi casa, en Las Palmas de Gran Canarias, donde lo pasamos extraordinariamente bien en sus playas y pueblos, donde saboreamos la especial comida isleña y recordamos los buenos momentos de Bilbao, sin olvidar los malos, que fueron muchos.

Visita a Bilbao de sus majestades los reyes

En un ambiente enrarecido, los medios de comunicación anunciaron la visita de don Juan Carlos y doña Sofía a la plaza de Bilbao. Unos medios la anunciaban como muy positiva: Bilbao es una parte de España y, por lo tanto, nuestros reyes tienen total derecho a visitarla y contactar con sus habitantes. Otros medios, sin embargo, la publicitaron como muy negativa: Bilbao es Euskadi, no es España y, por ellos, los reyes no debían visitarla. Sus ciudadanos no son españoles. Los días iban pasando y los proetarras con todos sus medios de comunicación, incluyendo muchas pintadas callejeras, calentaban a sus correligionarios.

El día 3 de febrero de 1981, visitaron por primera vez los reyes Bilbao y los proetarras no tuvieron suficientes apoyos para impedirlo, aunque pusieron todas sus fuerzas destructivas para conseguirlo. SSMM fueron recibidos en la plaza de Moyúa, por las autoridades civiles y militares de la Plaza de Bilbao, y una multitud de personal civil, que ocupó todo los alrededores de la plaza y calles adyacentes, los vitoreó con verdadero entusiasmo.

Para rendirle los honores de ordenanza reglamentarios, fue designada una compañía de honores perteneciente al Regimiento de Infantería Garellano n.º 45 con bandera, escuadra de gastadores, sección de música y banda de guerra, que se desplazó desde el regimiento a la plaza para tal fin. El abanderado era el teniente de la COE —Compañía de Operaciones Especiales, n.º 62—, mi amigo el Granaino, y los escoltas tres sargentos del regimiento, Juan, Armando y el Canario. No consigo recordar el nombre del capitán que la mandaba. A la compañía de Policía Militar, mi unidad, le asignaron dos misiones: la de acompañar a la bandera y a los abanderados a la altura de sus laterales durante el desplazamiento. Como medida disuasoria y de acción, por si intentaban los proetarras algún desmán hacia la misma. Para esta misión fue designado un pelotón al mando del sargento Enrique, que desplegó sus dos escuadras a una distancia prudencial de la bandera. La segunda misión, la de situar dos secciones en dos puntos de las calles Ercilla y Elcano, a una distancia prudencial de la plaza, donde fuésemos visibles y como medida disuasoria sin interrumpir al personal asistente al acto. Una hora antes, las secciones se hallaban reunidas, cada una en los puntos designados, desde los que divisábamos toda la plaza, que en ese momento estaba vacía:

—Qué raro que esté vacío todo esto —pensé—. ¿Cómo es posible que para acompañar a los Reyes, apenas haya personal? —me preguntaba y me respondía al mismo tiempo—. Sé que pueden pensar en un atentado de graves consecuencia o cualquier otra trastada a la que nos tienen acostumbrados los terroristas. Pero, he aquí que, pasada media hora, empezó a llegar personal civil desde todas las calles que confluyen a la plaza y se llenó en su totalidad, así como las calles próximas. Cuando llegaron los reyes a la plaza, empezaron a ondear banderas españolas que los asistentes sacaron del interior de sus prendas de abrigo, algunas de ellas de gran tamaño, que llevaban enrolladas alrededor de sus cinturas para no ser detectadas durante el desplazamiento desde su domicilio al lugar de la recepción, a ojos de buen cubero. Y pasado ya mucho tiempo, creo recordar que no había paridad: ¡La mayor parte, y con diferencia, de los que enarbolaban las banderas nacional, la de España, eran mujeres! ¡Siempre las mujeres en aquellos momentos, lugares y horas mostraron su valentía más que los cobardes etarras!

Al día siguiente, se tenía previsto la asistencia de su majestad el Rey a la Casa de Juntas de Guernica, invitado por el Parlamento Vasco, junto al tan tradicional árbol, especie roble, muy respetado por los Vasco, y por mi también, siempre que lo utilicen como árbol tradicional y no lo enarbolen como árbol para asesinar, que así lo utilizaron durante muchos años.

Los servicios de inteligencia del Gobierno ya debían saber, o al menos intuir, que habría movida contra el Rey al día siguiente en Guernica, por ello, supongo, tomaría todas las medidas de seguridad pertinentes con la fuerzas del orden. A nosotros, como militares, y a la compañía de Policía Militar en concreto, se nos ordenó tener la compañía acuartelada y en estado de alerta por si recibíamos órdenes de desplazarnos a Guernica: Las vías de accesos bien la conocíamos y, desde las 8,00 horas, la compañía estaba alertada, lo que implicaba que los vehículos estuvieran revisados, repostados y el personal equipado con su armamento reglamentario, municionado y dispuestos a embarcar en cuanto se recibiese la orden de desplazamiento, si fuese necesario.

Permanecíamos atentos a la radio y televisión durante la sesión en la Casa de Juntas, hasta que saltó el desorden cuando los parlamentarios de la izquierda abertzale, de pie y con el puño en alto, cantando el Eusko Gudariak, interrumpiendo el discurso del Rey que fue abucheado por los representantes de Herri Batasuna. El Rey permaneció impasible, con una sonrisa en los labios, a la espera que la protesta finalizara. Los proetarras dieron una imagen de salvajismo al mundo entero; en cambio, su majestad, como buen militar y Rey, no perdió los estribos, permaneció en su lugar sin mostrar alteración alguna y dio una imagen de español, militar y de

Jefe de Estado extraordinaria. Los batasunos fueron expulsados del hemiciclo y, restablecido el orden, don Juan Carlos continuó su discurso.

Los motores de nuestros vehículos se pusieron en marcha por si recibíamos la orden de desplazarnos a Guernica, pero no la recibimos. Paramos motores y permanecimos a la escucha y, finalizada la sesión en el parlamento recibimos la orden de dar por finalizado el estado de alerta.

Su majestad el Rey

No soy monárquico ni antimonárquico. Soy militar y respetuoso con nuestra Constitución con lo que todo ella lleva implícito, incluido, por supuesto, la monarquía. Ahora, desde el Gobierno de la nación, llevamos un tiempo que, despóticamente, intentan desacreditarla para instaurar la III República. Estos que lo intentan con toda libertad son Unidas-Podemos, con su presidente a la cabeza Pablo Iglesias, los independentistas vascos, con Otegui de comparsa y los separatistas catalanes, manejados por varios trasnochados charlatanes de mercadillos medievales, y el presidente del Gobierno, calla: por ello otorga. Quizás piense, como pensaba el energúmeno de Arzalluz, y está pensando en recoger las nueces. ¡Ah!, pero que no pierda de vista al segundo vicepresidente, que persigue el mismo fin: ser presidente de la República, o mejor dicho, de la nación de repúblicas, como pública y descaradamente, a voz en grito, manifiesta el exetarra Otegui.

Me paro a pensar en los mencionados, en sus apesebrados y apesebradas, que son muchos, y muchas. ¿Qué cualidades intelectuales o formación humana tienen para aspirar a ser uno o una de ellos presidente de la «supuesta» III República Española?, y ¿Quiénes serían su consorte o «consorta»? ¡Por favor, que España no es Venezuela, ni Cuba! Colaboremos todos para que no lo sea ni la una ni la otra.

Nuestro Rey Felipe VI tiene una amplísima formación académica y mucha mundología adquirida durante los años de príncipe y los que lleva de rey. No tengo el honor de conocerlo, pero tengo amigos militares, muy sensatos y preparados, que han estado muy cerca de él durante años y me han hablado de sus muchas cualidades. Desde estos pensamientos muy personales, llego a la conclusión que de que cambiar al Rey por un presidente de la hipotética república sería como cambiar un caballo purasangre por un borrico mohíno. Estos párrafos los he escrito en Toledo, el día 25 de diciembre de 2020.

Asesinato del ingeniero Ryan

José María Ryan Estrada trabajaba para la empresa Iberduero como ingeniero-jefe en la construcción de la central nuclear de Lemóniz, en Vizcaya, entonces en construcción. Fue secuestrado por la ETA el día 29 de enero de 1981, exigían para su liberación que la central fuese demolida en el plazo de una semana, —objetivo que meses más tarde, casi, consiguieron al lograr parar temporalmente la construcción—. Fueron días de incertidumbre sobre su puesta en libertad, los medios de comunicación, tanto los proetarras como los no etarras, estuvieron muy activos durante los días que duró el secuestro. Al no alcanzar los etarras lo que pedían, consumaron su amenaza asesinando al ingeniero. El día 6 de febrero de dicho año, apareció su cadáver en el camino vecinal de Zaratamo, cerca de Galdácano (Vizcaya). Se encontraba con las manos atadas con esparadrapos y los ojos vendados. Al día siguiente, los medios de comunicación publicaron las imágenes: eran desoladoras. Llevaba como empleado de la empresa eléctrica Iberduero quince años, era natural de Bilbao, tenía 39 años, dejó esposa y cinco hijos. Con motivo del asesinato del ingeniero se declara jornada de huelga general contra la ETA el día 9 de febrero, y hubo masivas manifestaciones en Bilbao, San Sebastián y Vitoria.

La manifestación de Bilbao es la que mayor asistencia de personal vi y viví durante mi permanencia en el País Vasco. El día 9 desde por la mañana empezaron a llegar personal de todos los pueblos de los alrededores de Bilbao, antes del mediodía, casi todo Bilbao estaba en las calles del centro de la ciudad. Me integré en la manifestación por la causa que era y para calibrar el ambiente. Los manifestantes nos pusimos en movimiento, codo con codo. Por la multitud, todos en silencio, pensé: Nadie se ha manifestado por la muerte, ya, de cientos de policías, guardias civiles, militares y algún personal civil; ahora lo hacen por el difunto ingeniero Ryan. ¡Bendito sea Dios, por fin, se han dado cuenta la mayoría de los vascos de la barbarie que estaban cometiendo los de la ETA! Por ello, deseo que Dios acoja en los cielos al buen ingeniero Ryan. En voz baja y en pequeños grupos algunos comentaban:

—Ya se tiene que acabar esta barbarie, y se tienen que dar cuenta con esta manifestación que estamos en total desacuerdo con ellos.

Este y muchos comentarios similares se oían por todas partes. Yo también pensé en aquellos momentos, que podía haber un antes y un después de la muerte de Ryan, de un inocente asesinado por el mero hecho de ser un ingeniero de Iberdrola. La manifestación se disolvió en silencio y sin incidente alguno. A los pocos días de esta multitudinaria manifestación, la mala suerte vino a emborronar lo que expresamos los manifestantes de Ryan, pues no sé por qué casualidad, que ni hecho a propósito, una semana después se conocía la muerte, en Madrid, en dependencias policiales del etarra José Aguirre, que formaba parte de un comando de la ETA, detenido a tiros en el Paseo del Prado de Madrid. Nuevamente las calles del centro de Bilbao se llenaron de manifestantes, esta vez a favor de la ETA. Una vez más, me integré en la manifestación solo para pulsar nuevamente el ambiente, que era muy agresivo, donde predominaban las voces en grito de «ETA mátalos», y toda la cantinela del ceremonial etarra. Recuerdo a un grupo de mujeres que sobrepasaban los 50 años, a las que identifiqué como vascas y maquetas por el habla, a cuyo lado caminé un rato, que escupían por la boca sapos y culebras envenenadas contra la Guardia Civil, el ejército y la Policía Armada. La manifestación se disolvió sin intervención de la Policía, pero hubo rotura de vehículos, mobiliario urbano y numerosos desperfectos más.

El 23-F

El 23 de febrero de 1981, a las 18,30 horas, aproximadamente me hallaba en la ducha comunal de la residencia del Garellano cuando desde la puerta oigo que me llaman, con voz alta y acelerada:

—¡Diego!, ¡Diego!, date prisa, que han dado un golpe de estado.

—Déjate de cuentos y déjame tranquilo que me termine de duchar —contesté.

—Te aseguro que es de verdad, que no estoy de bromas.

Mas, aunque me costaba creerlo, en su tono de voz intuí que era verdad, me lo decía mi mejor amigo y compañero de promoción, Alfredo Agustín Sánchez. Inmediatamente me puse el uniforme y me fui al Gobierno Militar, a mi compañía. Y ya el sargento de semana estaba municionando a la sección de retén. Ordené que repostaran todos los vehículos y que el pelotón de seguridad reforzara el control de entrada. A los pocos minutos, fue cumplimentada la orden. Me dirigí al despacho del general para darle novedades e informarle del personal que disponía en aquel momento. Faltaban veintidós de tropa que se hallaban de paseo, pero antes de la media hora, se incorporaron todos, excepto un cabo que se incorporó un poco más tarde. El general estaba tranquilo, no como cuando los disparos al aire:

—Bien, cuando esté al completo informa al coronel secretario y espera órdenes. Ya he visto desde el ventanal que lo tienes todo dispuesto en el patio.

—¡A sus órdenes, mi general! —respondí.

Una vez con la compañía completamente municionada y repostados todos los vehículos, informé al coronel-secretario, mandé romper filas y estuvimos pendientes de la radio y la televisión. La cena la realizamos a su hora normal y los relevos de los servicios también. Después de la cena, me acerqué a la cafetería de mandos del Gobierno y conversé con los compañeros de las distintas dependencias del mismo, y todos estábamos iguales: no sabíamos nada de lo que pasaba, solo lo que oíamos por la radio y veíamos por la televisión. A las 21,00 horas, el general me ordenó que recorriera con una sección los puntos de encuentro que teníamos previstos en el plan de instrucción, relativos a los distintos itinerarios de la plaza de Bilbao, y le informara del mismo. A la 22,15 horas, estaba de regreso informando que en las calles de Bilbao no había nadie a esa hora, absolutamente nadie, a pie, solamente había un notable movimiento de vehículos, dada la hora, que encaraban su movimiento con las luces encendidas y con más velocidad de la habitual en ciudad, hacia los accesos de la autopista Bilbao-Behobia. Buscando la frontera de Francia.

Esta noche, cuando los vehículos nuestros, con las luces destellantes y las sirenas en silencio, nos reagrupábamos en los puntos de reunión previstos, algunos vecinos miraban a través de los visillos y, en cuanto se daban cuenta que mirábamos hacia ellos, rápidamente cerraban las ventanas o apagaban la luz. ¡Paz total en Bilbao la noche del 23 de febrero! No oía: ETA mátalos, ni chacurras fuera, ni ejército invasor, ni chivatos al paredón, ni presoak kalera... Los etarras y todos los que le apoyaban estaban aquella noche donde tenían que estar, en sus ratoneras asustaditos de miedo, y otros huyendo en manadas hacia Francia, como ratas con el rabo entre las patas e igualmente cagados. Y otro que fue mi portero favorito, en mi niñez, andaba a la deriva en la mar porque con el miedo no le había dado tiempo de repostar. Por eso, esa noche en las calles de Bilbao, fui feliz: no por el intento de golpe de estado, que estaba fuera de la ley, por lo que no compartía la actitud de los participantes, sino por palpar el miedo de los etarras y sus secuaces, aquella noche del 23-F, cuando con mi sección de Policía Militar, motorizada, recorría Bilbao.

A las 23,30 horas, el general me dio un sobre cerrado para que se lo entregase, en mano, al comandante de Artillería jefe del grupo y del acuartelamiento de Soyeche y, a la vez, al pasar, visualizara Munguía. Y así lo hice e, igual que en Bilbao, en las calles de Munguía no había un alma, ni movimiento de coches. Llegué a Soyeche y el oficial de guardia me informó que el comandante no se hallaba en el mismo.

—Esperaré un rato por si aparece.

Y así fue, pues no habían transcurrido quince minutos cuando un coche se paró en la barrera de entrada, era el comandante, y el oficial de guardia le dio novedades y yo le entregué el sobre en mano, haciéndole saber que así me lo había ordenado el general, pero el comandante parecía estar *in albis* de lo ocurrido, estaba todo extrañado o, al menos muy desorientado. Regresé, a las 1,30 horas, el rey había hablado a las 1,14 horas, el suboficial de servicio de seguridad me informó de ello en la entrada, le di novedades al general diciéndole que Munguía estaba muy tranquila y, que su orden había sido cumplimentada:

—Muy bien. Ya lo sé.

Comprendí que ya había hablado con el comandante. Me incorporé a mi compañía para estar con los mandos y tropa, diciéndoles que ya había hablado su majestad el Rey, como bien sabían y, si alguno estaba intranquilo ya había desaparecido la causa. Como siempre el comportamiento de todos los componentes de la Policía Militar fue ejemplar. Y sobre las 5 de la mañana, el general ordenó que podíamos retirarnos a nuestros domicilios. Creo que fuimos los primeros militares en hacerlo de toda España.

Yo creí desde el primer momento y sigo creyendo que ninguno de los militares que pertenecíamos al Gobierno Militar de Vizcaya, sabíamos algo del intento de golpe de estado. Me queda la duda, no obstante, de un compañero que procedía de Valencia y ese día no estaba en Bilbao.

El buen conductor de autobús

El cabo que se incorporó un poco más tarde, tenía su motivo: era el escribiente de la compañía, abogado, con 26 años, natural de Barcelona, y se hallaba esa tarde vistiendo el uniforme militar en la Basílica de Begoña, oyendo un concierto de órgano. Cuando se dio cuenta, observó que se estaba quedando sólo, que los asistentes se marchaban y, por último el órgano, dejó de tocar. Por ello, él salió también y se dirigió a la parada de autobús, que está muy próxima a la Basílica, observando que se hallaba vacía. Vio que varios autobuses pasaban sin parar y no comprendía nada por qué, hasta que uno de los autobuses, que iba vacío, paró y el conductor le dijo:

—Soldadito, soldadito... ¿Qué haces aquí parado?, ¿No sabes que ha habido un golpe de estado? Sube que te llevo al cuartel.

El cabo informó al conductor de su situación e ignorancia de la situación, indicando que su acuartelamiento estaba en el Gobierno, por pertenecer a la Policía Militar, y lo llevó a la misma puerta del Gobierno. Qué detalle más extraordinario tuvo el buen conductor! Con posterioridad, lo localizamos, tarea que no resultó fácil, pero declinó cualquier tipo de agradecimiento a cualquier nivel. Le regalamos una metopa de la compañía, dedicada y dándole las gracias por escrito, todo de forma muy personal. Indudablemente, temía al qué dirán los proetarras y mucho más...

Como acabamos de ver, en este mes de febrero de 1981, en la Policía Militar, vivimos varios acontecimientos.

Mi gran amigo

Mi gran amigo Agustín, antes mencionado, también murió en Bilbao el 27 de noviembre de 1981, en un accidente de tráfico cuando se dirigía al acuartelamiento de Soyeche, por la autovía Bilbao-Behobia y en la salida de la misma para enlazar con la carretera de Munguía, conduciendo el vehículo de su propiedad, en compañía del capitán Lambea, que también falleció en el accidente, y del comandante Pedro, que quedó mal herido, y un teniente, herido también. El coche de mi amigo fue dado de baja por siniestro total, pero años más tarde, sus padres recibieron una denuncia por una infracción cometida con dicho vehículo en Bilbao años después del accidente. Se ve que lo arreglaron y lo pusieron nuevamente en circulación. En los talleres que lo restauraron, hablaron de que el engranaje de la barra de la dirección había sido manipulado. Esta información me la transmitió, años más tarde, cuando regresé a Munguía, un antiguo cabo del Garellano que estuvo destinado en la sección de morteros de 120 mm, de la que el alférez Agustín era el jefe. No obstante, me hizo saber que este comentario podría no ser verdadero.

Ahora, con motivo de escribir sobre el accidente, he contactado con la familia de mi amigo con la intención de aclarar la duda, informándome Guillermo, su cuñado y también mi amigo, cómo ocurrió: «Salieron del Gobierno Militar de Bilbao, donde habían asistido a una reunión de trabajo. Tomaron la autovía dirección a San Sebastián, dejándola más adelante para enlazar con la carretera de Munguía, circulaban detrás de un autobús urbano, al llegar éste a la altura de un semáforo, que estaba en rojo, paró, tapando la visibilidad del mismo; por lo que mi amigo creería que había parado para recoger pasajeros, por ello mi amigo continuó, colisionando con un camión-tráiler que circulaba por la carretera hacia Munguía. Se deduce, sin lugar a dudas, que fue un accidente fortuito, esto fue verificado, en su día, tras una investigación meticulosa de la Guardia Civil».

La no guapa

María Isabel, una de las amigas que algunas veces se unía al grupo, tenía un novio que nunca nos presentó: Que le llamaba Iñaquito era lo único que sabíamos de él. Se había criado en las calles de Santurce por haber sido abandonado de pequeño por sus padres, pero el muchacho era muy buena persona, a pesar de esta terrible infancia callejera. Ella tenía un puesto de responsabilidad en una gran empresa de Bilbao, pero era muy fea, de cara, Maribel. A la vez, vivaracha y agradable. Un día, parte del grupo propusimos ir a la playa de nudista de Sopelana y ella se apuntó la primera. Y cuando llegamos a la playa, también se desnudó la primera, y todos quedamos sorprendidos del escultórico cuerpo que poseía. Tendida en la arena, decúbito supino, su silueta era la de una guitarra; sus pechos medianos, tensos y de pezones amadroñados, te absorbían la mirada; su pubis o monte de venus, que parecía pintado a plumilla por un gran artista, te hacían remirar y sus muslos prietos te excitaban. Al final, ella dijo haber pasado un excelente día de playa, nosotros le dijimos que más que excelente, gracias a sus encantos y grata compañía. ¡Que fea tenía la cara, que bonito era su cuerpo!

Pasado un tiempo, un día me llamó por teléfono para decirme que a su novio lo había detenido la Policía y él no sabía por qué:

—¿Me puedes decir algo al respecto?, ¿qué puedo hacer?, ¿adónde debo acudir para...? —me preguntaba atropelladamente.

—Lo siento, Maribel. No tengo gran relación con la Policía armada. Solo conozco a dos policías que los he tenido en mi unidad como soldados, cuando hicieron el servicio militar en Ceuta.

Pero ella insistió y me dejó los apellidos del novio. Contacté en la comisaría con mis dos amigos y les conté lo que me había pedido mi amiga, solicitándoles información para tranquilizar a la Fea, con cuerpo de guitarra. Y los dos jóvenes policías entendieron el mensaje, y a los pocos días me dijeron que el novio, presuntamente estaba metido en la organización terrorista. Les di las gracias e informé a mi amiga diciéndole que estaba detenido por una acusación relacionada con la ETA, y el tema estaba pendiente de aclaración. No volví a saber nada de Maribel ni de su novio, tampoco me preocupé. A veces, recuerdo su escultórica figura sobre la arena de la playa de Sopelana, un día de tornasol en el agradable Cantábrico vizcaíno...

Mi madre

Es la que lo pasó muy mal durante el tiempo que estuve destinado en el País Vasco, sobre todo en esta mi primera época. Como todos sabemos, los atentados eran casi a diario, las víctimas, una o varias, hombres, mujeres y niños, por ello, mi madre, se pasaba día y noche pendiente de la radio y la televisión. Y hasta que no se cercioraba quienes eran los muertos y heridos no se tranquilizaba, Siempre creía que yo sería uno de ellos, y así durante tres años. La verdad es que no la llamaba con la frecuencia que ella deseaba, debido al trabajo y que las cabinas telefónicas de la calle, casi todas estaban averiadas y en la de la residencia había cola. También influía mis salidas nocturnas, pues cuando llegaba a la residencia, no eran horas de llamar: en definitiva, lo que deseaba ella es que saliera de allí. Mi padre, que no era militar, la tranquilizaba diciéndole que no me pasaría nada, y si estaba en el País Vasco era porque quería y como militar, sabía dónde debía estar. Pero estos razonamientos, a mi madre no le decía mucho. Mis hermanas María José y Ani, aunque preocupadas por lo que pudiera ocurrir, al ser jóvenes lo llevaban mejor; no obstante, ahora me recuerdan mis sobrinas, que su madre, cuando ellas eran pequeñas, «todas las noches rezaba un rosario de rodillas y con los brazos en cruz por ti», y tú. Mientras en *pubs* y discotecas. ¡Anda, qué bien!

—No siempre —les respondo—. Muchos días y noches estuve de servicio, y la mayoría de ellos con mucha responsabilidad.

Hijoputas etarras

Cuando en Bilbao asesinaban a un militar, la capilla ardiente se instalaba el cuartel del Garellano, en la Sala de Bandera, si era guardia civil en el cuartel de La Salve, y si era policía en el cuartel de Basauri, donde se establecía un turno de vela y acompañábamos a los familiares; en medio de tanto dolor, y entre nosotros, casi en voz baja, para no dar un espectáculo, decíamos: Hijos de putas etarras. Somos militares, aquí estamos y estaremos para lo que nos manden. Pero la sangre nos hervía por dentro, pero ¡somos militares! para todo, disciplina, disciplina, disciplina... Cuando decíamos militares, lo hacíamos extensivo a guardias civiles y policías, y así fueron matando a montones de compañeros: unos con uniformes caqui, otros verdes, otros gris o marrón (entonces los colores del uniforme de los policías) y otros sin uniformes, familiares de militares, personal civil que, injustamente lo acusaban de chivatos o traficantes de drogas, sin serlos, o cualquier otra sandez que les viniese en gana. Todavía en estas fechas no habían asesinado a políticos. También hablábamos, si los etarras no veían que si uno de nosotros caía al día siguiente otro ocupaba su lugar, que la cadena no se rompía, pues a eslabón roto, de inmediato, eslabón repuesto, con lo cual, por ese camino, no conseguirían su siniestro fin. Y esa era la lucha diaria en cumplimiento de nuestro deber. No teníamos protección de ningún tipo, solo la que nos proporcionaba nuestra alta moral y la constante repetición de que «somos militares». Y lo malo, lo peor, lo paupérrimo era que una gran parte de la sociedad vasca lo veía y deseaba así; de ahí estas frases repetidas una y otra vez: ETA mátalos , o, si lo han matado algo habrá hecho, o, son militares, guardias y policías. Están para eso, para que los maten, para ello les pagan. Así pensaban y actuaban muchos vascos e hijos de vasco, maquetos e hijos de maquetos nacidos vascos. He dicho muchos, pues no todos pensaban así, gracias a Dios.

Bregando con este ganado o diciéndolo más moderado, tejiendo con estas mimbres, no era fácil el día a día y yo pensaba:

—Ahora estamos cayendo unos. No tardarán en caer otros y otros...

Y así sucedió. En qué me basaba, en Hitler y en partido Nazi, pues todo sabemos cómo llegaron al poder y como empezaron a asesinar, sintetizando: cuando empezaron a asesinar a judíos, los primeros fueron los acaudalados, el pueblo alemán lo aprobaba y aplaudía por esas dos condiciones, los propios judíos pensaban: Yo no soy acaudalado, a mí no me van a matar. Y dieron el siguiente paso lo Nazis y siguieron matando, ya a todos los judíos sin distinción de clase, sexo, ni edad, cuando y cuantos les venía en gana. El pueblo alemán les seguía aplaudiendo y apoyando. Los judíos —mixtos hijos de padre o madre alemanes—, decían: «Yo soy alemán, por ello, a mí, no me van a asesinar». Igual pensaban los cuarterones de la ascendencia más germánica: Somos altos y rubios, como los alemanes, pura raza aria, a nosotros no nos detectan. ¡Ah, pero los varones estaban circuncidados!, por ello, los localizaban y también lo asesinaban e, igualmente, los alemanes seguían apoyando y aplaudiendo al gobierno de Hitler.

El símil con la actuación de la ETA y sus palmeros era una copia a punto y guion del quehacer nazi: en primer lugar, fuimos los militares, guardias civiles y policías, y parte del pueblo vasco les apoyaba y les aplaudía; después, el personal civil que a los etarras y sus secuaces les apetecía; después, les tocó a los políticos, les siguieron los empresarios y comerciantes con solvencia; más tarde, tocó el turno a los que apenas tenían solvencia y, siempre, a los que no pensaban como ellos. Y gracias a Dios, que la Guardia Civil y la Policía los acorraló, los desarmó e incautó una parte importante de su arsenal, y de sus redes de acción terroristas. Y el pueblo vasco no se avergüenza de ello, como hicieron los alemanes después de la derrota, ni los etarras piden perdón, y no solo eso: ¡Siguen homenajeando a los asesinos!

En estos duros años 1979, 1980 y 1981 de terrible violencia terrorista, una gran parte de la sociedad vasca y, no olvidemos, también parte de la navarra, aunque en menor cuantía, miraba para otro lado: veían con normalidad la actuación de los etarras, no se inmutaban ante los crímenes casi a diario cometidos por la ETA. Puedo afirmar que la mayoría se había integrado en una sociedad indiferente ante la barbarie de los asesinos.

Y ya para rematar la jugada, nuestros actuales gobernantes se alían con los proetarras e intentan blanquearlos, y dicen que el antiguo etarra Otegui, es un hombre de paz, y brujulean para poner en libertad a los presos de la ETA, que mataron a muchos honrados españoles y a otros dejaron inválidos de por vida —física o psíquicamente—, entre ellos a los de su propio partido, y no les da vergüenza, y todo por continuar en la «casa dorada» uno, otro y otra por ampliar el «Marquesado de Galapagar», más presidir la III República. Otros, los migajeros, para conservar sus pesebreras y a todo éstos unidos, España y los españoles, que no sean ellos, los políticos actuales en el poder, les importamos un pito o siete pitos y una flauta. En fin, ¡vivir para ver!

Se le disparó la pistola

Una tarde, casi anocheciendo, cuando regresábamos del cuartel, llevábamos unos días de continuos atentados en el País Vasco y fuera del mismo; por ello, el grado de alerta era el máximo: viajábamos en el Jeep cinco personas: el conductor y el capitán, que estaba recién incorporado, lo hacían en los asientos delanteros, el sargento Antonio y el soldado de escolta, en asiento trasero lateral izquierdo y yo, en el derecho frente al sargento. Paramos a la altura de la puerta de entrada de los pabellones militares de suboficiales en Basurto, donde vivía el sargento, para que se bajase; aún sentado, cuando se disponía a enfundar su pistola que la traía desenfundada y con un cartucho en la recámara se le disparó atravesándole el proyectil el muslo de la pierna izquierda. La sangre manaba en abundancia e, inmediatamente, lo llevamos al hospital que estaba al lado, donde le diagnosticaron: herida de bala, en el muslo de la pierna izquierda, con perforación de sedal, con entrada y salida limpia del proyectil, quedando en observación. A las cuarenta y ocho horas, lo dieron de alta con cura ambulatoria y, al ser una herida limpia, a los veinte días estaba totalmente cerrada la herida y de alta para el servicio en la compañía. El sargento era un veterano con más de doce años de servicios. Había estado como CLP, caballero legionario paracaidista, con su bandera en el Sahara cuando la entrega del territorio, y en la Academia General Básica de Suboficiales, como alumno, y llevaba un año en la compañía... Experiencia la tenía toda, pero ese día se le disparó el arma y, gracias a Dios, no pasó nada, pero podía haber pasado. La presión diaria a la que estábamos sometidos, por tu formación militar la superas sin darte cuenta día tras día, pero en tu inconsciente algo o mucho queda.

El sargento Antonio, un magnífico suboficial impregnado del espíritu de caballero legionario paracaidista, se hallaba siempre alerta para cualquier misión. Pasado un tiempo, casualmente, nos encontramos en Las Palmas de Gran Canarias: iba acompañado de su señora y sus dos niños, cuando se hallaba en tránsito para incorporarse a su nuevo destino el III Batallón del Regimiento Canarias 50, de guarnición este batallón en la isla de Lanzarote. Me alegró mucho verles.

Mi amigo el teniente Magín

El teniente del Arma de Artillería, don Magín Fernández Ferrero, fue vilmente asesinado por la banda terrorista ETA el domingo día 5 de julio de 1981, a las 8,30 horas de la mañana, cuando ordenaba los periódicos, del día en el interior del quiosco de prensa que su mujer regentaba en el barrio Zuazo de Baracaldo. Los terroristas, tres hombres, se acercaron al quiosco armados de subfusiles. Él los vio e intentó evadirse. No llevaba pistola para poder encararse con ellos, aunque de bien poco le hubiese servido dado la potencia de fuego de tres armas semiautomáticas de 9 mm Parabellum frente a una pistola de repetición de 9 mm corto. Fue asesinado por la ¿espalda?, donde se alojaron varias balas y también en la nuca. Murió en el acto. Se recogieron catorce casquillos en el lugar del atentado. Los asesinos huyeron en un vehículo robado que les esperaba en las proximidades con el motor en marcha y el conductor al volante. El teniente era natural de Villazala del Páramo (León), tenía 44 años de edad, una hija de 14 años y un hijo de 4.

Instalaron la capilla ardiente en el cuartel de Garellano, donde se celebró la misa por la tarde, a la que asistieron el ministro de defensa Alberto Oliart, el jefe del estado mayor del ejército teniente general Gabeiras Montero y el capitán general de la VI Región Militar, Luis Polanco Mejorada, junto a otros altos mandos militares y los familiares de la víctima. Fue celebrada por el capellán castrense. La viuda permaneció de rodillas y llorando durante toda la misa.

Al día siguiente, a las 10 de la mañana, se celebró también en el Garellano el funeral oficial de cuerpo presente, con asistencia del capitán general de la VI Región Militar, los gobernadores civil y militar de Vizcaya, el consejero de interior del País Vasco, Luis María de Retolaza, el presidente de la diputación de Vizcaya, representantes de los partidos UCD, AP y PSOE y mandos militares.

Mi amigo Magín estaba destinado en la secretaría de la IV Zona de la IMEC, por lo que estábamos, en unidades distintas, pero en el mismo acuartelamiento, el Gobierno Militar de Vizcaya. Por ello, teníamos contacto diario, lo que me permitió conocerlo bastante bien. Era una persona trabajadora, amable y muy entregada a sus deberes militares. Había estado destinado en Astorga (León) durante sus años de tropa, pero durante los empleos de suboficial y el de oficial había estado en Bilbao, exceptuando los periodos de cursos académicos y agregaciones a campamentos. Se sentía muy identificado con Bilbao, donde había vivido su infancia y juventud; igual con Baracaldo, donde residía cuando lo asesinaron.

Muchas mañanas, antes de las 8 que empezaba nuestra actividad, solíamos desayunar en la cafetería del Gobierno Militar, donde conversábamos de temas militares y familiares, principalmente. Amaba su profesión y adoraba a su familia, como buen padre y buen militar. Una mañana, quizás un mes antes del asesinato, me dirigía a la cafetería para tomar el café mañanero de costumbre y Magín conversaba en el centro del patio con otro teniente artillero, como él y, al igual, llevaba mucho tiempo destinado en Bilbao. Me acerqué a ellos para pedirles que dejaran la conversación y que subiéramos a tomar café:

—Son más de las 7,30 de la mañana y a las 8 tengo que estar en la compañía.

—De acuerdo. Vamos —respondieron a dúo.

Me retuve un poco para subir juntos y oí, sin pretenderlo, algo de la conversación que tenían entre ellos, le decía su interlocutor, cuyo nombre no recuerdo por el tiempo transcurrido:

—Nos tenemos que ir de aquí, llevamos muchos años aquí y seguro que nos siguen.

—Es posible que así sea, que nos vigilen —le respondió Magín—, pero yo tengo mucha amistad y desde hace muchos tiempo con el que fue el cura, don Pedro, Periko Solabarría, y ahora es un gerifalte de Batasuna. Tiene mucho poder. He pensado hablar con él.

Cómo continuaban hablando de un tema tan personal, me retiré hacia la cafetería. Cuando volví, después de tomar yo solo el café, continuaban en el mismo sitio y, supongo, con la misma conversación. El compañero que aconsejaba a Ma-

gín pidió destino y se marchó junto a su familia de Bilbao...
No recuerdo si su marcha fue antes del asesinato de nuestro
común y buen amigo o después.

Se dieron las circunstancias que el primer destino de
mi amigo en Bilbao, fue al Grupo de Artillería n.º 1, que lo
mandaba entonces un comandante que en el año 1977, ya
de coronel retirado, fue asesinado por la ETA en Santurce.
También estuvo destinado con el teniente coronel Romeo
Rotaeche en la Base de Parque y Talleres de Vehículos Au-
tomóviles de Zorroza (Vizcaya) y tuvo también en común,
con éste que Pepona, la etarra, de la paella y las cigalas en
Gante (Bélgica), la que disparó por la espalda, en la nuca, al
teniente coronel Rotaeche en Begoña, ésta, ejerció labores
de vigilancia sobre el teniente Magín, espero que le pidan
responsabilidad también por esta colaboración, ahora que
Natividad Jauregui está en una cárcel española, aunque lo
más seguro es que ésta causa haya prescrito.

El cura don Pedro, o Periko Solabarria, en quien tanta
protección mi amigo creía tener de él, no le sirvió de nada.

El cura Periko

Solabarria, en la época de sacerdote en su parroquia de
santa Teresa, era muy popular en Baracaldo, por su ayuda
a los más necesitados y por sus sermones a favor de la ETA,
esto último a unos agrada y a otros desagrada. Cura obrero,
trabajador de la construcción, dejó los hábitos para contraer
matrimonio, ingresó en Herri Batasuna, donde fue miembro de la Mesa Nacional, diputado al congreso por Vizcaya
y concejal en Baracaldo, donde vivía. Estuvo encarcelado en
varias ocasiones por colaboración con la ETA.

Relativo a él, me cuenta mi prima Pepita, que cuando
ella llegó a Baracaldo, procedente de Gaucín, con 8 años,

como hija de inmigrantes, en el año 1962, el cura don Pedro proporcionaba comida a los pobres, dinero de su jornal a los necesitados y les daba clase a ella, junto con otras niñas y niños que se hallaban sin escuela, en el sótano de la casa parroquial. Labores extraordinarias estas, pero, a la vez, encubría a etarras que eran buscados por la Policía dándole hospedaje en dicho sótano y adiestraba a los niños en el «arte» de engañar a la Policía. Así, cuando eran preguntados, siempre respondían que ellos no habían visto nunca personas mayores allí en su provisional escuela. Ésta le servía de tapadera al cura para ocultar a los terroristas, ¡labor ésta tan poco cristiana!

La ETA incrementa los asesinatos de políticos

Desde sus comienzos hasta el 23 de febrero de 1984 la ETA había asesinado a trece políticos, el primero de ellos a don Luís Carrero Blanco, el 20 de diciembre de 1973, los doce restantes lo fueron en los años 1976-1980, ambos inclusive, la mayoría de ellos habían ocupado algún cargo político durante el régimen anterior. Exceptuando a estos, antes, la ETA, solo habían asesinado a militares, guardias civiles, policías nacionales, policías locales y algún personal civil que le acusaban, sin razón, de ser colaboradores de la Policía o cualquier otra acusación que se les ocurriese, no obstante, el Gobierno les «dejaba» más o menos hacer, no se empleaba a fondo. También una parte de la población civil española hacía la vista gorda diciendo: «Bueno son militares, son guardias, son policías están para ello o algo habrán hecho...».

Pero les llegó el día a los políticos y ese fue el 23 de febrero de 1984, cuando tres componentes de los Comandos Autónomos Anticapitalistas (CAA), dependientes de la ETA militar, asesinaron en San Sebastián a Enrique Casas Vila, natural de Guadix (Granada) y residente en San Sebastián, físico y muy buen político español, perteneciente al PSE-PSOE, este asesinato provocó una fuerte convulsión entre los políticos a nivel nacional.

Enrique Casas, fue miembro del Parlamento Vasco entre 1980 y 1984. Senador en las Cortes Generales de España por designación del Parlamento Vasco desde el 30 de junio de 1981 al 23 de febrero de 1984, y miembro del Parlamento Vasco por Guipúzcoa desde el 1 de diciembre de 1982 hasta el 23 de febrero de 1984.

Después de esta fecha, por desgracia y por voluntad propia de la ETA, fueron asesinados muchos, buenos, extraordinarios y honrados políticos, más.

Pensamos contraer matrimonio

Pasaron los días, los meses y los años, y con el trabajo diario de la compañía: educación física, tiro, defensa personal, protección de personal e instalaciones, columnas de unidades, convoyes de material, mantenimiento de armamento, vehículos, material e instalaciones más servicios varios y sobrevenidos, teníamos los días muy ocupados, por lo que pasaban rápidos. Me hallaba bien en Bilbao y en mi compañía de Policía Militar, a pesar de todo lo que ocurría en el mismo diariamente. Como digo, el tiempo pasaba y Mercedes y yo llevábamos años de novios: ella en Madrid y yo en Bilbao. Nos veíamos poco, dada las misiones de la compañía, y, además, raro era el fin de semana que no hubiera un atentado. Y pensamos en casarnos; ella estaba dispuesta a vivir en Bilbao, pero pensé que no era el lugar ideal para una recién casada; además, yo quería volver a un regimiento. También echaba de menos los ejercicios tácticos de maniobras, guerrillas, pasillos de fuego, patrullas de tiro, orientación y otras actividades: En definitiva necesitaba campo, por lo que pedí el Regimiento de Infantería Canarias n.º 50, de guarnición en Las Palmas de Gran Canarias.

Pasado un mes aproximadamente desde mi petición de destino, salió publicado en el *Diario Oficial de Ejército* mi asignación al destino solicitado, con la anotación que debería permanecer agregado en mi actual destino, la Policía Militar de Bilbao, por un periodo de tres meses o hasta la incorporación de nuevo destinatario, pasado los tres meses y al no haber incorporación, me ampliaron tres meses más la agregación. Pocos días antes de cumplirse la segunda agregación, se incorporó mi relevo, por lo que pude despedirme de la compañía e incorporarme a mi nueva unidad el Canarias 50, en Las Palmas de Gran Canarias, ciudad ideal para Mercedes, y un regimiento extraordinario para mí. Al día siguiente de llegar a las Palmas e incorporarme al regimiento, me marché de maniobras a la isla de Fuerteventura y Mercedes se quedó sola en Las Palmas sin conocer a nadie. Así aprendió la primera lección de esposa de militar, regresé con mi unidad, una vez finalizadas las maniobras, veinticinco días después.

SEGUNDA PARTE
1989-1990

La «llamada» del País Vasco

Cuando ascendí a capitán, quedé disponible en espera de vacantes de mi nuevo empleo.

Y, pasado un mes, publicaron las vacantes para distintas unidades de nuestro territorio nacional, las ojeé todas y una de ellas me llamó la atención de forma especial: la Unidad de Servicio de Acuartelamiento «Soyeche», en Soyeche-Munguía (Vizcaya):

—La tenía que pedir, esto significa volver al País Vasco, —me dije plenamente decidido.

Y fue la única plaza vacante que solicité. Y se lo comuniqué a Mercedes, añadiendo que tenía muchas probabilidades de que me la dieran.

—Tú la has pedido, de modo que si te la dan allí iremos juntos —respondió no de muy buen agrado.

A los veinte días, salieron publicados en el DOE —*Diario Oficial del Ejército*— los destinos, donde me concedían el que había solicitado, debiendo efectuar mi presentación en el mismo con carácter urgente. Me alegré enormemente en mi fuero interno, pues había conseguido lo que deseaba. Los destinos salieron un miércoles y el domingo de esa semana emprendí viaje a Bilbao para presentarme el lunes en mi nueva unidad en Soyeche. El viaje lo hice muy cómodo: todo el recorrido en autovía y autopista, por lo que no tuve que ir detrás de los camiones como ocurrió cuando mi primer destino, que todo el recorrido fue por la antigua carretera. El viaje lo hice solo, Mercedes se quedó para terminar el trimestre y trasladar la matrícula de Inglés a la Universidad de Deusto. Llegó a Soyeche un mes después de mi incorporación.

A primera hora de la mañana, después del izado de bandera, efectué mi presentación reglamentaria y, a continuación con el comandante jefe de la USAC emprendimos un recorrido por el acuartelamiento viendo el perímetro del mismo y las múltiples dependencias e instalaciones. Y así llegó el mediodía cuando finalizamos el recorrido, momento en el que tomamos una cerveza en el bar de mando y quedamos en su despacho a las 3 de la tarde para ver documentación y cinco instalaciones que había fuera del perímetro alambrado del acuartelamiento:

—Tenemos que ver el transformador de alta, los depósitos de agua potable, la depuradora de aguas residuales, el campo de tiro y el aparcamiento de tropa —dijo apurando el último trago.

Y a la hora prevista, nos hallábamos en su despacho explicándome las muchas y variadas misiones, medios y cometidos de la unidad. Y como eran muchas y variadas las tareas que nos esperaban, dejamos la vista del exterior para el día siguiente por la mañana. Y hablando y organizando el trabajo para el día siguiente, se nos hizo de noche en el despacho, por ello dimos la jornada diaria por finalizada y bajamos al bar para tomar una cerveza y seguir hablando de temas militares en general:

—Debes tomar muy buena nota de todo —me dijo al final—, porque he solicitado nuevo destino y, con seguridad, me lo darán por ser la vacante la de ayudante del general gobernador militar de Bilbao, y al ser de libre designación he sido propuesto el primero. Por ello te quedarás de jefe de la USAC.

—Pues siento mucho que te vayas. Pero no habrá problemas, seguiremos navegando.

Pasaron unos días, el comandante salió destinado, hicimos el relevo, se despidió y me quedé de jefe, cargo que siempre he estimado.

La USAC «Soyeche» era muy especial, el acuartelamiento tenía todas las edificaciones y medios para alojar al regimiento al completo: dos batallones motorizados y la plana mayor regimental. Además de las misiones de seguridad, mantenimiento, logísticas y administrativas, común a todas ellas, tenía el complemento de recibir la luz en alta, el agua potable sin clorar, las residuales y fecales tener que depurarlas, lo que lleva implícito maquinaria diversa, personal especializado para su manejo y un mantenimiento meticuloso diario, sin olvidar el complejo residencial que comprendía la residencia de mandos y los apartamentos prefabricados unifamiliares.

A la vez, era muy extraordinaria por la situación del acuartelamiento en un bonito valle, lluvioso, verde y llano, siempre con olor a tierra mojada, hierba recién cortada o heno seco en almiar, según época del año.

Entre la residencia y los apartamentos, residíamos una media de ciento veinte personas: mujeres, hombres y niños. Era un pequeño pueblo con lo que todo ello lleva implícito, pero convivíamos en una perfecta armonía, rayando en la familiaridad, donde los niños de diferentes edades alegraban el complejo con sus juegos, gritos, carreras y travesuras y los mayores, tanto mujeres como hombre, nos apoyábamos en todas nuestras actividades incluidas las de ocio. Sobre esto, no puedo olvidar la fiesta de nuestra patrona, la Inmaculada Concepción, con múltiples actividades militares, deportivas y lúdicas, completado todo con la cena de gala que montábamos en el Omnium, o las fiestas navideñas con las cenas de nochebuena y nochevieja en el comedor de la residencia, y el día de Reyes viendo cómo los niños disfrutaban de sus juguetes. Otro gran día era el Día del Garellano, se conmemoraba la llegada del regimiento a la provincia de Vizcaya: había un acto militar con todas las unidades formadas y un vino español al finalizar el acto. Ese día eran invitados todos los antiguos componentes del regimiento y de la USAC. A la llamada, llegaban, por lo general, muchos acompañados de sus respectivas esposas, procedentes de diferentes puntos de España. Era un gran día por volver a vernos y por eso de «recordar es volver a vivir».

Estando destinado en Melilla, me desplacé a Soyeche junto a Mercedes, varios años para celebrar el Día del Garellano y estar con los compañeros allí destinados como lo hicieron otros con nosotros en su día. Pues bien, la última vez que asistí a este acto, del que no recuerdo bien la fecha del 2006 ó 2007, observé entre los invitados a un ertzaina con su uniforme reglamentario para el acto. También ese día, hubo una jura de bandera para personal civil, que juraron ante la bandera del regimiento, mujeres y hombres de Bilbao y otras poblaciones vascas. Este día, ante tan significadas personalidades presentes y con un ambiente distendido y cordial entre todos los allí presentes, pensé: el ambiente en el País Vasco está cambiando, y gracias a Dios, esta vez no me equivoqué.

En el valle de Soyeche y Bilbao

El primer mes desde mi incorporación, ya que estaba sin Mercedes, lo dediqué por completo al cuartel los días laborables. Contaba con el trabajo y la colaboración de unos extraordinarios oficiales, suboficiales y tropa. Los domingos y festivos los dedicaba a localizar a mis antiguas amigas y amigos, tarea que al principio no resultó fácil.

Habían pasado siete años desde que me marché, demasiado tiempo en Bilbao por lo extraño de su cotidiano vivir. En el regimiento sólo había dos suboficiales, y en el Gobierno Militar, un coronel, un oficial y tres suboficiales de mi época anterior. Con mis amigas y amigos había pasado casi lo mismo, pero por otros motivos: la mayoría, como yo, se habían casado y, además, algunos vivían en otros barrios y pueblos próximos a Bilbao. Al final, aunque no había móvil, localicé a la mayoría: nos alegramos mucho por volvernos a encontrar y saber unos de otros pero nuestras «naves» ya iban por otros derroteros.

En estos siete años, Bilbao había cambiado mucho. La primera impresión positiva que me llevé al pasear por el centro fue la de haber desaparecido de sus fachadas, zócalos, puertas metálicas de correderas y portalones la mayoría de las pintadas estrafalarias alegóricas a las fuerzas del orden y al ejército. Ya no parecía Londonderry; también las paredes de los edificios de las grandes avenidas, sus fachadas exteriores, habían sido retocadas y Bilbao se había convertido en una ciudad más limpia y con más claridad. La Ría se estaba transformando al tiempo que perdía su negritud: la estaban liberando de la muchísima chatarra atracada en sus amarres y de los residuos que flotaban. ¡Sus aguas empezaban a recobrar su verdadero color!

Para mí, lo más importante de todo fue que el ambiente que vivimos en los años 1979, 1980 y 1981, no tenía nada que ver con los que estaba viendo y viviendo ahora. Eran tiempos muy distintos: la ETA seguía matando, extorsionando y cometiendo todo tipo de barbarie, pero menos, mucho menos, pues sentía más la presión de las fuerzas del orden. Cada día que pasaba, les resultaba más difícil matar y seguir adelante con su macabro plan. Una parte de los vizcaínos, los viejos inmigrantes e hijos de estos, aunque seguían con el miedo en el cuerpo, empezaban a darse cuenta que los caminos de la ETA no les traería nada más que ruina y calamidades; por ello, empezaron a mirarnos con otros «ojos».

En este mes que andaba solo en Bilbao. Una tarde de domingo estuve tomando café en el aeropuerto de Bilbao, en Sondica, y después desde el monte Archanda visualizando Bilbao; a continuación me dirigí con el coche hacia los altos del valle de Lezama. Entonces fumaba, y desde un promontorio próximo a un caserío, paré, paré el coche, me bajé, encendí un cigarrillo y me puse a contemplar el bonito valle. Al poco rato, salió del interior del caserío un señor mayor algo extrañado por mi presencia allí, le dije lo que estaba contemplando el agradable panorama, le ofrecí un cigarro, que aceptó, utilice la antigua fórmula de entablar una conversación y dio resultado. Estuvimos hablando del ganado que tenía y la labranza que realizaba y, llegado un momento, me preguntó por el motivo de mi estancia en Bilbao:

—Soy militar, con destino en Munguía.

En ese preciso momento, el hombre cortó la conversación.

—Muchacho, muchacho, vete ahora mismo de aquí, que hay muy malas gentes por estos alrededores, pero muy malas, y tú eres muy joven.

Yo intenté continuar la conversación, pero resultó imposible, por lo que continué mi ruta alejándome del caserío. Creo que este hombre me habló con la verdad, y desde aquí se lo agradezco donde quiera que se halle: en aquellas fechas, el buen aldeano ya era mayor y han pasado más de treinta y dos años desde nuestro encuentro.

Al siguiente domingo, me trasladé a Baracaldo para visitar a mis primos, No lo había hecho antes por el trabajo en el cuartel y porque mi primo Salvador había estado unos días en Portugal por motivos de trabajo. Se alegraron mucho de verme, pero no comprendían cómo yo había vuelto a Bilbao. Para tranquilizarlos y quitarle importancia a mi destino les dije, como de broma, que había sentido la «llamada» del País Vasco.

—No hay quien pueda contigo —me dijeron a coro.

A continuación, July se quedó con las niñas en casa y Salva y yo nos fuimos de chiquiteo por los bares de Baracaldo, visitando los típicos ya conocidos, saludc a algunos paisanos que se quedaban muy extrañados de mi vuelta, en este caso a Munguía, no por ello se unieron a nuestro grupo.

Al día siguiente de mi visita a Baracaldo, el regimiento marchó de maniobras al Campo de San Gregorio (Zaragoza), por ello me quedé de jefe de acuartelamiento, hasta su regreso: quince días, durante los cuales al estar libre nuestro campo de tiro, las unidades de la Guardia Civil de Bilbao lo utilizaron mañana y tarde para sus prácticas. Indudablemente, como no podía ser de otra manera, manteníamos con la Benemérita unos extraordinarios y fuertes lazos de amistad y compañerismo.

El 95%, aproximadamente, del personal de tropa del regimiento y de la USAC, era vasco, bien, nacidos en esa comunidad, bien, residentes en el País Vasco. Así eran las normas de reclutamiento en estas fechas: los soldados de reemplazo hacían el servicio militar lo más cerca de sus domicilios. Así era para toda España: por ello, los nuestros eran de Bilbao, Portugalete, Baracaldo, Munguía, Guernica, Balmaseda, Orduña y demás pueblos de Vizcaya, una minoría de otros pueblos y ciudades de Álava y Guipúzcoa.

Eran buenos soldados y en nada se diferenciaban de los de otras provincias. La media cultural era elevada, y la manifestación externa de la disciplina era siempre correcta. Y en cuanto al trato de material o de las instalaciones, eran cuidadosos. Durante mi permanencia, no hubo deterioro de ningún tipo, ni en armamento, material, vehículos e instalaciones militares fuera de los accidentales. Como narraré más adelante, había un pequeño trasfondo.

También estaban destinados, en prácticas, los oficiales y suboficiales de IMEC —Instrucción Militar Escala de Complemento— que, igual que la tropa, desarrollaban su cometido con prontitud.

La instrucción diaria la realizaban las unidades con normalidad, dentro y fuera del acuartelamiento. Las salidas al exterior bien por pelotón, sección, compañía, batallón o el regimiento al completo se realizaban con normalidad, si bien, reforzando las propias medidas de seguridad. Igual pasaba con los soldados conductores y ayudantes de los vehículos de compra, cartería, suministros y transportes varios de la USAC. Quiero y debo resaltar la puntualidad, seguridad, eficacia y disciplina que estos conductores realizaban a diario en los variados servicios entre Bilbao y Soyeche, y otros esporádicos a otros puntos del País Vasco y Navarra.

Relación con el personal civil

El trato con el personal civil, al ser el jefe de la USAC, era directo y casi diario con el personal civil que, por una u otra circunstancia venían al acuartelamiento: personal de mantenimiento de obras, servicios y maquinarias que necesitaban medios materiales y técnicos que nosotros no poseíamos. Cuando se trataba de una obra o reparación importante con los empresarios y sus trabajadores, no había ningún problema: efectuaban su trabajo cumpliendo el pliego de prescripciones técnicas, lo realizaban con eficacia y, cuando finalizaban, ellos se iban contentos y nosotros le agradecíamos su buen hacer, pues siempre estaban dispuestos a volver. No ocurría lo mismo cuando se trataba de trabajos pequeños, como cuando se averiaba la depuradora y había que cambiarle una pieza o en el centro de transformación y había que localizar una avería: esto requería instrumental específico y, además, no era un trabajo de larga duración. En estos casos, el trabajo era efectuado por personal autónomo, y eran reacios a efectuarlos en el interior del acuartelamiento, esto me lo comunicó el subteniente jefe de la Unidad de Apoyo a las Instalaciones, cuando me incorporé. Cuando surgió la primera avería, le dije que quería hablar con el técnico que, a veces lo hacía. Hablé con él y me expuso su problema: me comentó que exponía mucho por realizar un trabajo en el acuartelamiento, que él era de Bilbao y sabía muy bien cómo funcionaban los de la ETA y sus informadores, y no quería tener problemas con ellos. Alargué la conversación con él viendo los pros y los contras, y le hice ver que la ETA no iba a controlar el trabajo de un pequeño autónomo que solamente contaba con un solo trabajador, que era él mismo. No sé si fueron mis palabras o la necesidad de trabajo —tenía mujer y tres hijos—, pero, al final, me dijo que contáramos con él para las reparaciones de su ramo. Y así lo hizo, siempre acudió cuando lo solicitábamos.

Logré convencer a la mayoría de estos especialistas; algunos, sin embargo, me decían que no era lo mismo venir para hacer el trabajo una vez que con continuidad, y no quería que lo tomaran por chivatos. Así era el miedo que tenían muchos de estos trabajadores autónomos. Recuerdo cuando fue necesario poner un zócalo de madera en el *hall* de entrada a la residencia para aislar la humedad de la parte baja de la pared, un trabajo de carpintería de cinco días. Por más que buscó el subteniente, no encontró carpintero para realizarlo y tuvimos que recurrir a uno de Vitoria que hacía algunos trabajos para la USBA de Araca.

Con los proveedores de alimentación para las cocinas y bares, no había ningún problema eran puntuales y cabales en su cometido. Una vez al año salía a oferta pública, a pliego cerrado, la contrata de alimentación para los distintos acuartelamientos del País Vasco, que tenía lugar en el Centro Financiero de

Pamplona, del cual dependíamos administrativamente, Aquí sí acudían muchos licitantes, todos comerciantes de Bilbao, San Sebastián y Vitoria. El proceso de asignación era muy riguroso: debían cumplir el pliego de prescripciones técnicas y debíamos de evaluar muy detenidamente las ofertas. En este acto, interveníamos lo jefes de USAC y USBA, el jefe del Centro Financiero con su equipo de especialistas y el interventor del Cuerpo Jurídico Militar. El mismo proceso se desarrollaba anualmente para la adquisición de material inventariable.

Con la mayoría de estos comerciantes, sus jefes de equipo y sus trabajadores, hablé en muchas ocasiones y estos no le temían a la ETA: aunque no lo comentara con ellos, se les notaba el interés de realizar su trabajo como buenos comerciantes o como trabajadores de empresas responsables.

Con el Ayuntamiento de Munguía mantenía algunos contactos, principalmente motivados por el abastecimiento de agua, sin clorar, a los depósitos exteriores, y por las aguas residuales depuradas que vertían a la red municipal o por algún caso puntual; el que llevaba el control de las aguas del ayuntamiento en aquellas fechas era muy amable y buen colaborador en lo relativo a su cometido. Nosotros también lo éramos con él. Dadas las buenas relaciones, le expuse el tema al coronel jefe del regimiento y del acuartelamiento para invitarle a los actos del día de nuestra patrona, aunque no estaba seguro si aceptaría la invitación:

—Me parece muy bien. Que asista, y todo sea porque cunda las buenas relaciones con el personal civil —respondió el coronel.

Y cuando le entregué, al buen señor, la tarjeta de invitación al acto para él acompañado de su esposa, no se lo creía, abrió el sobre, lo leyó pausadamente y emocionado me dijo:

—No sabe usted lo que le agradezco esta invitación. Yo les acompañaría de todo corazón, pero en Munguía hay personas de todas ideologías y yo trabajo en el ayuntamiento.

—No se preocupe. Conozco el ambiente y comprendo su actitud.

—Muchas gracias, muchas gracias —repetía con sus manos cogidas entre las mias.

Así pues, le comuniqué al coronel que el trabajador no aceptaba nuestra invitación por miedo. Y el coronel entendió perfectamente la situación. ¡La precaución por miedo a la ETA le impidió asistir y una parte de los vascos seguían apoyando a los asesinos!

Una mañana después del izado de Bandera —las 8,00 horas—, me desplacé a Munguía, con el vehículo militar Land Rover, para revisar sobre plano en el ayuntamiento el trazado de una alambrada en el campo de tiro. Cuando llegué, no se hallaba el encargado de la cartografía, por lo que decidí tomar un café en un bar de las inmediaciones e invitar al soldado conductor. Yo vestía uniforme de faena y, cuando entré en el bar, se quedaron sorprendidos. Habría en el interior una docena de parroquianos, que me miraban extrañados. La camarera, una señora con su delantal blanco, me miraba y miraba a la clientela. Le pedí dos cafés que sirvió sin dejar de mirarnos. Cuando los sirvió, salí para llevarle uno al conductor que se hallaba aparcado a unos 10 metros del bar y, al regresar, estaba sola la señora tras la barra del bar. ¿Temerían los parroquianos la llegada de unos etarras armados?

Guernica

Más de un sábado o domingo, en lugar de ir a Bilbao o cualquier otro lugar, me iba a Guernica, aparcaba el coche en la zona céntrica y me dedicaba a recorrer sus calles, entraba en alguna iglesia y tomaba algún café o cerveza en el bar que me venía más a mano. No deja de ser un pueblo grande, pero pueblo; por ello, la gente que se hallaba en el bar donde yo

llegaba me observaban como diciendo: «Este no es de aquí».
No obstante, nunca observé un mal gesto, ni los camareros
me desatendieron. Uno de los primeros días, me acerqué a la
Casa de Juntas, donde se halla el famoso árbol de Guernica.
Era por la tarde y el edificio estaba cerrado, y luego de circun-
valar el edificio y su zona ajardinada, me quedé un rato viendo los árboles y digo, los, porque había dos, uno ya viejo y otro
nuevo, plantado cerca que lo sustituirá, según me informó un
transeúnte al que pregunté. Mientras los miraba, elucubraba
por elucubrar: si me ha seguido algún etarra desde la salida
del cuartel y ahora sufro un atentado, mañana la prensa etarra
dirá que un militar intentaba volar con explosivos el histórico
árbol y, además, se lo creerán, y la realidad era que el militar
lo que estaba haciendo era contemplar al viejo y nuevo robles,
sin más. Este día, después de la vista exterior de la Casa de
Juntas, me desplacé a la Ría de Mundaca, que está próxima, y
desde ella pude observar el vuelo rasante de los cormoranes
que a cientos, al anochecer, se dirigían a sus dormideros en la
próxima isla de Ízaro, un verdadero espectáculo que muchas
veces observé en compañía de Mercedes.

Recorridos de fines de semana

Llegó Mercedes, efectúo el cambio de matrícula y continuó las clases en Deusto. Los días laborables estaba ocupada,
y los fines de semana nos dedicamos a recorrer el País Vasco. Yo tenía interés en que conociera las ciudades y pueblos
más importantes, así como los muchos lugares preciosos que
poseen. De ordinario, regresábamos por la noche al cuartel,
donde residíamos. Lo primero que recorrimos fue Bilbao y
los pueblos de las márgenes del río, que yo bien conocía de
mi etapa anterior. A la vez, aproveché para ver a mis primos
y a algunos paisanos. El siguiente recorrido lo orienté a San

Sebastián, preciosa ciudad donde solíamos pasar la noche del sábado al domingo para recorrer, al día siguiente, sus alrededores: Guetaria, Irún, Hondarribia... También visitamos Vitoria, donde pernoctamos para visitar la basílica de la Virgen Blanca, el casco antiguo, los jardines y otros lugares agradables e interesantes que conocía de cuando estuve destinada en el Flandes. También degustamos los productos de su buena cocina y su excelente repostería.

Varios fines de semana pasamos a Francia, donde visitamos Hendaya, San Juan de Luz, Biarritz, Bayona... Entonces, estas poblaciones, y otras más, eran santuario de la ETA.

Nuestros vecinos de Munguía

Con los habitantes de Munguía nunca tuvimos ninguna tensión: transitábamos por sus calles a pie o con vehículos, militares o propios, con normalidad; asimismo, nuestras mujeres compraban en sus comercios y hacían gestiones bancarias o de cualquier otra índole y, casi todos, con más o menos frecuencia, visitamos sus bares, cafeterías y restaurantes. Los hijos de los que vivíamos en el acuartelamiento iban a las escuelas e instituto integrados, sin ningún problema, con los demás alumnos; no obstante, la mayoría solo estuvieron un curso, o dos, por ser el destino de sus padres forzoso, durante un año; otros chavales, cuyos padres permanecieron destinados por tiempo indefinido, hicieron el bachiller completo hasta su ingreso en la universidad. De estas niñas y niños a los que me estoy refiriendo, la mayoría de ellos hizo carreras universitarias, y muchos, en la actualidad, ocupan puestos de responsabilidad en sus lugares de trabajo tanto en España como en otros países. Por resaltar a algunos, tenemos a una bailarina, primera figura del Ballet Nacional; otro forma parte, como físico, de un equipo de investigación científica en Alemania y una joven es empresaria en la rama de la hostelería a nivel nacional; algunos de aquellos estudiantes son militares: entre ellos se encuentra una joven destinada en un puesto de responsabilidad en la OTAN —Organización del Tratado Atlántico Norte—. He aquí a aquellos niños y niñas que nos alegraban con sus juegos y travesuras en el acuartelamiento de Soyeche.

No quiero dejar de contar estas pequeñas anécdotas. Desde mi llegada solía, algunas tardes, acercarme a Munguía para comprar frutas —entonces hacía bastante deporte— y las tomaba por la noche y antes de desayunar: iba a una tienda donde vendían casi de todo y, entre ello, fruta variada de primera calidad. La dueña y su hija, las dependientas, siempre me trataron con amabilidad, igual que a Mercedes cuando me acompañaba. Algunas veces entablamos conversación y en una de ellas me dijeron que su marido y su padre, respectivamente, había sido un afamado pelotari vasco en los EEUU: lo que nunca supe es si estas dos amables mujeres sabían que yo era militar.

Relacionado con la fruta, algunas tardes que deseábamos dar una vuelta por Munguía, sin mujeres, les decía a mis amigos: «Esta tarde tengo que ir a comprar frutas»; otras veces, eran ellos quienes me preguntaban si por la tarde tenía que ir a comprar fruta. Y mi respuesta siempre era afirmativa. Y la fruta que comprábamos cuando íbamos en grupo era zumo de uva, cebada o malta, fermentada, en los bares de Munguía, hasta que nuestras mujeres descubrieron el lenguaje convenido.

También solíamos ir a merendar o cenar a un bar-restaurante situado en Soyeche, cerca del acuartelamiento, no el que estaba frente a la puerta principal del cuartel, sino otro algo más alejado, que nosotros llamábamos «Casa Pepe», donde nos atendían muy bien. Llegamos a tener amistad con el dueño, un día nos comunicó este que no debíamos volver por allí:

—Por vuestra seguridad y por la mía —dijo muy serio y muy preocupado—. He recibido un mensaje amenazador de los etarras.

Inspección del coche

Algunas tardes visitábamos a nuestros primos en Baracaldo. Aparcaba el coche donde podía, pues mis primos vivían próximo al centro, y por allí siempre es difícil encontrar donde aparcar. Llegábamos a su casa, veíamos a las niñas y, de ordinario salíamos a tomar algo por los bares del centro. Cuando nos marchábamos, casi siempre un poco tarde, Salva nos acompañaba hasta el coche y lo inspeccionaba meticulosamente, cerraduras, cristales de las puertas, ruedas y, arrodillándose, miraba los bajos, cosas que yo nunca hice, y así se lo hacía saber pero no por ello dejaba de inspeccionar cuantas veces les visitaba, diciéndome: Tienes que mirarlo, que estás en territorio enemigo. Tú, para ellos, lo eres. Pero nunca le hice caso. ¡Nunca me arrodillaron los etarras!

Sabotaje en la excavadora

En el acuartelamiento hubo por un tiempo dos obras mayores —las de la segunda planta de la residencia y el nuevo Omnium—, que estaban bajo la dirección del destacamento de la Comandancia de Obras de Bilbao; por ello, había un movimiento constante de personal: vehículos, maquinaria y material, el control de entrada y salida del acuartelamiento lo llevaba la Unidad de Seguridad, que le asignaba zonas concretas para aparcamiento de los vehículos, del material y de la maquinaria. Todo funcionaba con normalidad hasta que una mañana apareció una excavadora con todos los cristales rotos, incluso, el parabrisas, puertas, espejos, faros y hasta los indicadores del salpicadero. ¡Teníamos el enemigo en casa! El dueño de la excavadora era de Munguía, y, a veces, también nos hacía pequeños trabajos. Cuando por la mañana se encontró su máquina rota, por maldad, se le saltaron las lágrimas, y me decía: «No me importa el dinero que tengo que gastarme para arreglarla, sino que este destrozo me lo ha hecho un vasco como yo». El dueño de la excavadora era una excelente persona y la excavadora su única herramienta para ganarse el jornal diario.

El tío de Kinito

Dos obras menores —instalación del depósito de gas para la cocina de tropa, elevado, y otro para el edificio de la PLMM —Plana Mayor de Mando— soterrado, mediante concurso público la obra fue asignada a una empresa del ramo, estas obras al ser pequeñas dependía de la USAC, por ello hablaba con frecuencia con el encargado y los trabajadores. Algunas veces aparecía el dueño de la empresa: un señor, algo mayor, de modales correctos y muy educado, y siempre hacía por verme. En alguna ocasión, le invité a café en el bar de la residencia. Nuestra conversación trataba mayormente sobre el tema de la obra, pero un día me sorprendió ante una pequeña taza de humeante té:

—Te he visto varios domingos seguidos, acompañado de tu mujer, oyendo misa en la misma iglesia en Bilbao —me dijo nada más ponernos delante del té aún humeante—. Y dado que tú, por el destino, eres un poco conocido en esta zona, y como en otra ocasión me has dicho que estuviste destinado en la Policía Militar de Bilbao, son motivos suficientes para que tomes cuantas más precauciones, mejor. Discúlpame, pero me tomo esta libertad de aconsejarte por mi edad y porque conozco bien el tema. Yo soy el tío de Kinito, así que puedes comprender. Ahora mismo no sabemos si está vivo o muerto, no sé cómo este chico se metió con esas gentes.

—Muchas gracias por tu sinceridad y valioso consejo —respondí muy agradecido.

Y desde aquí le reitero mi agradecimiento donde quiera que se halle.

El día 25 de abril de 1989 fue expulsado el miembro de la Mesa Nacional de Herri Batasuna, Joseba Urquijo Borde, Kinito, al descubrir que era confidente de la Policía, dijeron del policía Amedo, protagonista del caso que lleva su nombre. Se comentó, entonces, que Kinito había sido ajusticiado por sus propios compañeros; más tarde, se supo que este se hallaba en un país sudamericano, y decían que lo había perdonado la ETA, por haber realizado la labor de agente doble. No hace mucho tiempo los medios hablaron algo, que no capté bien, relativo a Kinito.

Así trataron los recuerdos de un héroe

Cabo caballero legionario Juan Maderal Oleaga. Erandio (Vizcaya) 1930-Edchera (Sahara Español) 1958. Falleció en el combate de Edchera el día 13 de enero de 1958, durante la Campaña de Ifni-Sahara. Fue condecorado con la Cruz Laureada de San Fernando, máxima condecoración del ejército. En Erandio pusieron, entonces, su nombre a una plaza y le erigieron una estatua, pero años después fue tirada a la ría del Nervión por los etarras, y cambiaron el nombre a la plaza alegando que había sido un verdugo durante la guerra civil. ¡Pero aún no tenía seis años cuando empezó la guerra! Pero los etarras y proetarras se lo creyeron. ¡Vaya manada de analfabetos! La estatua permaneció unos años en la Ría y cuando fue sacada, le faltaba un brazo y así fue trasladada al acuartelamiento de Soyeche, siendo situada en un lugar prominente de la zona ajardinada, donde cada 20 de septiembre —día del aniversario de fundación de la Legión— el pater, en compañía de algunos oficiales y suboficiales, rezaba un responso. Pasados unos años, fue trasladada al Acuartelamiento de la Brigada Rey Alfonso XIII de la Legión. Con sede en la Base Álvarez de Soto Mayor en Viator (Almería), donde se halla en la actualidad.

Su hermano José María Maderal Oleaga, había servido en la legión y era presidente de la Hermandad de Antiguos Caballeros Legionarios de Vizcaya y empleado de Iberdrola. El 16 de marzo de 1979, cuando se dirigía a su trabajo a primera hora de la mañana, unos encapuchados etarras lo abordaron y, a quemarropa, lo acribillaron a balazos. ¿Por qué lo mataron? Por ser el hermano de un héroe, por ser el presidente de la hermandad, por trabajar en Iberdrola, o por las tres cosas. No, no, no nos equivoquemos: lo mataron los etarras porque estos eran una banda de criminales que vivían de la extorsión y el crimen organizado, quede bien claro.

El padre Larrinaga

Han pasado unos cuatro meses que hice mención al padre Larrinaga, y esta mañana he quedado gratamente sorprendido al saber de él a través de la prensa escrita, pues no sabía nada desde que creó el foro El Salvador. Por este motivo, se había tenido que trasladar a Madrid y, con posterioridad, a una misión. Por ello, debo dejar plasmado aquí éste muy claro artículo de J. Beltrán, publicado en el periódico *La Razón*, el domingo, 8 de noviembre de 2020. Página 46, dice lo siguiente:

La iglesia ante el terrorismo

El párroco que sí plantó cara a ETA (y tuvo que exiliarse) Jaime Larrinaga vive solo a 6 kilómetros del cura sancionado por justificar a los terroristas, pero entre ellos hay un abismo: él necesitó escolta.

«¡Cómo no lo voy a conocer! Si es el cura del pueblo de al lado. Estuve concelebrando misa con él hace mes y medio». Juntos en el mismo altar, en la mesa de la comunión, con la distancia sanitaria exigible. Aunque el trecho que separa su visión de la realidad vasca parece mayor.

Entre uno y otro distan 6 kilómetro, los que llevan por la Nacional 240 de Lemona a Yurre. Aun lado, Miguel Azpeitia, el párroco que hace semanas dejó de serlo, sancionado por el Obispado de Bilbao, después de justificar a ETA en un documental. En el otro extremo Jaime Larrinaga, que también tuvo que abandonar su puesto. Ahora ha vuelto a su localidad natal alavesa después de media vida en el exilio por dar un paso al frente precisamente en contra del terrorismo y el nacionalismo.

Cuando se menciona Azpeitia Jaime se contiene. Punto en boca. Para que de sus labios no salgan palabras que echen más leña al fuego. No porque luego se tenga que confesar, que también, «No quiero levantar más polvareda. Respeto a los amigos y a los enemigos, a quien piensa como yo y a quien opina diferente. No condeno a nadie ni quiero que me condenen a mí». Se frena, aunque no puede controlar el dolor que le remueve por dentro, por el mero hecho de saber que diariamente el polémico cura se cruza por las calles de Lemona con la viuda y los hijos de una víctima de la ETA.

Durante más de treinta años como párroco de la localidad vizcaína de Maruri no tuvo problema alguno. Como cualquier otro cura euskaldun, «en las misas alternaba el uso del castellano y el vascuence, y en las homilías buscaba no herir sensibilidades. A nadie le puso nunca un veto para entrar. Es más, por allí iban y venían curas de Herri Batasuna». Pero el asesinato de Miguel Ángel Blanco marcó un antes y un después. Sintió que había que mover fichas ante el silencio del clero.

En 2001, de la mano de los jesuitas Antonio Beristáin y Fernando García de Cortázar, dio un paso al frente. Crearon el foro El Salvador junto a un grupo de católicos, entre ellos Iñaki Ezquerra: «Simplemente denunciaban algo tan cristiano como los asesinatos de la ETA y solo pedíamos que dejasen de matar. Sentíamos que la iglesia tenía que tener una palabra y no mirar para otro lado». Fue un Getsemaní. «De un día para otro pasé de ser el mejor cura de la zona a ser un apestado». Comenzaron entonces las presiones de sus colegas sacerdotes, el rechazo del PNV «primero en abstracto y luego en concreto», el buzoneo en el pueblo presentándole como peligroso y enemigo del País Vasco...

Aguantó todas las intimidaciones estoicamente. Pero todo se precipitó con la detención de un comando en la comuna francesa de Tarbes. Su nombre apareció entre los papeles como un posible objetivo de la banda. «Como tantos amenazados, me acostumbré a mirar todos los días debajo de mi coche para ver si había una bomba y a ir con escolta a dar clase en Getxo». Al cura profesor no lo dejaban ni a sol ni a sombra. «En la iglesia se quedaban vigilando en el pórtico o en la sacristía», rememora sobre la tensión reinante. El entonces obispo de Bilbao, hoy cardenal, Ricardo Blázquez, le ofreció marcharse a Madrid, Salamanca o Roma porque se temía por su vida. Optó por la capital para lo que al principio sería un año sabático. Pero poco aguantaría quieto. Conoció el proyecto de unas religiosas en la gran sabana venezolana y allí se plantó. En Wolken, en el estado de Ciudad Bolívar. «Nunca creí que tuviera vocación misionera, pero allí fui durante nueve años, a una región pobre y miserable donde sólo llegaba el obispo una vez al mes en avioneta». Aquello fue más que una terapia para él. «Junto a los indios, he vivido mis mejores años de sacerdocio».

A los 80 años, Jaime está jubilado de sus tareas pastorales. No por voluntad propia. «Vivo pidiendo la amnistía, como los presos», deja caer. «¡Qué se le va a hacer! Por aquí hay muchas pedanías sin sacerdote y yo podría ayudar, pero no es posible, no lo ven conveniente, me han cerrado las puertas de algunas iglesias». De hecho no se acaba de sentir con libertad para ejercer en los alrededores de su casa. «Con todo sufrimiento me escapo los fines de semana a celebrar en Bilbao, para cumplir como sacerdote del pueblo de Dios, participando como un cristiano más en la eucaristía. Por lo demás, me dedico a leer, a celebrar bodas, bautizos... Y a acompañar a las víctimas del tiro en la nuca. Así, no hay responso en memoria de Gregorio Ordóñez, donde Jaime no pronuncie una oración en su memoria. Ahora, con la tranquilidad de saber que nadie le interrumpirá ni le insultará. Como sí ocurría hasta hace nada.

Con toda la metralla abertzale a sus espaldas, se reafirma en todo lo dicho y hecho por ellos: «Si de algo me arrepiento, es de no haber alzado la voz antes. Durante mucho tiempo me pregunté cómo podía celebrar la eucaristía entendida como sacramento del amor cuando ya se estaba matando a hermanos nuestros solo por el hecho de ser político o policía».

Que no quiera entrar al trapo en el caso Lemona, no significa que haya rebajado un ápice su condena de la violencia. «Hay que escoger o estás con los asesinos o estás contra los asesinos. En otras cuestiones puede haber matices, pero ahí no hay punto intermedio. El mayor pecado es matar a una persona, porque es matar a Dios, matar a Cristo», sentencia Jaime. «Ahora ETA no mata, pero está educando en el odio a España. No tengo más que salir a la calle para ver carteles a favor de los terroristas, a los que presenta como «gudaris», como héroes y patriotas», lamenta sobre un nacionalismo al que considera que se ha convertido como una religión: «Están idolatrando el concepto de Euskadi».

Para el sacerdote, «la dictadura del terror no desaparece de un día para otro. Sigo viendo a familiares con miedo, que se sienten señalados como si fueran ellos los culpables, como si molestaran con su dolor». Por ello, considera que «las víctimas del terrorismo siguen con la herida abierta porque siente que la iglesia no se ha portado bien con ellos». Aunque reconoce el esfuerzo que se hace a favor de la reconciliación, cree que urge una petición eclesial pública de perdón más sonora y firme. «Ahora que se habla de reconstruir la convivencia, las víctimas tienen que estar en el centro», asevera.

«Ahora ETA no mata, pero se está educando en el odio a España». Jaime Larrinaga, sacerdote fundador del foro El Salvador.

El párroco de Lemona

Las declaraciones efectuadas por el sacerdote vasco Miguel Azpeita, párroco de Lemona, parecen y son muy trasnochadas: Que en el año 2020 un cura que se ha pasado doce años educándose en un seminario, pueda decir, para justificar a los criminales, entre otras paparruchadas cargadas de maldad lo siguiente: «Que un pueblo oprimido, al que quieren conquistar, responda con violencia, no sé hasta qué punto es terrorismo. Eso es una guerra entre bandos, de una nación contra otra nación». En otro momento de la entrevista, llega a asegurar sobre las víctimas de la ETA que: «su merecido se llevan», y muchas frases como éstas que no merecen más pérdida de tiempo, dado de cerebro vano de quien proceden.

La Diócesis de Bilbao «lamenta y pide perdón por el dolor que pueda ocasionar estas declaraciones a quienes sufrieron la violencia terrorista».

Las declaraciones anticristianas y humanamente muy negativas del cura Azpeitia, han tenido para mí mucho de positivas, porque, por primera vez, una parte del clero vasco habla con claridad. Esta vez monseñor Iceta, su obispo auxiliar y todos los vicarios «lamentan profundamente» las palabras del presbítero y piden «perdón por el dolor que puedan ocasionar a quienes sufrieron la violencia terrorista, que atenta contra la dignidad de la persona, embrutece a la sociedad y siempre constituye un mal y una injusticia que nunca puede ser justificada». Aunque tarde, muy tarde, ya es un gran gesto de cristianos y de humanos, por lo que deseo fervientemente que sigan por ese buen camino el clero vasco y navarro. ¡Ay, si el energúmeno de Setién y sus homólogos de las diócesis de Bilbao, Vitoria y Pamplona hubiesen actuado de igual manera que ahora la de Bilbao, cuántas vidas hubiesen salvado, cuánto mal hubieran evitado! Como no podía ser de otra manera, el párroco ha sido destituido por la autoridad de la diócesis.

Cerca de Begoña

Un día del mes de agosto, sobre las 3 de la tarde, me comunicó el conductor de la furgoneta del servicio de cartería que cuando regresaba al acuartelamiento una señora, muy mayor, se hallaba en el borde de la acera de la calle que sube a Begoña y, a su paso se había caído produciéndose heridas en la cara, codos y rodillas, que la furgoneta no la había tocado, pero él la había socorrido llamando a una ambulancia desde un bar próximo, donde le habían informado que la señora vivía sola y que alguna vez la visitaba una sobrina que residía no muy lejos de allí. Entre tanto, llegó la ambulancia y la había trasladado al Hospital de Basurto: acto seguido, le informé al coronel de lo ocurrido, diciéndome este: «Vamos a ir ahora mismo al lugar a ver si contactamos con la sobrina, para que la señora no quede abandonada en el hospital». Este espontáneo gesto es muy legionario. Así lo hicimos: llegamos al bar, que era pequeño, pedimos dos cafés y el camarero nos informó de lo que ya sabíamos, añadiendo, a la vez, que la sobrina no se había presentado por allí. En el bar había tres mesas ocupadas por clientes que jugaban al mus, muy propio del lugar y la hora. El coronel vestía el uniforme de paseo, acababa de llegar de Burgos, y yo vestía de faena. Cuando nos marchábamos hacia la casa de la sobrina, dimos la cara a los jugadores y, en ese momento uno de ellos se levantó de su asiento como un resorte diciendo en voz alta:

—Mi coronel, mi coronel. Tranquilos. Aquí, somos todos buenas gentes. Yo soy caballero legionario y estos son de los nuestros.

Quedamos agradablemente sorprendidos, el viejo legionario había visto el distintivo de permanencia en la legión, con barras, que portaba el coronel sobre el bolsillo izquierdo de la guerrera y allí estaba un compañero legionario para lo que fuera. Nos dijo que esperásemos en el bar, que él localizaba a la sobrina y, al poco, se presentó con ella. La informamos de lo ocurrido y le pedimos su número de teléfono para que las damas de la Inmaculada contactaran con ella para ayudarle en lo que necesitase relativo a su tía. El coronel, don Bartolomé, invitó a café al legionario y a sus compañeros y nos despedimos de ellos agradeciéndoles sus atenciones. Aquel caballero legionario me recordó en ese momento —por vascos y legionarios— a los difuntos hermanos Maderal Oleaga, uno muerto en combate, Juan, y humillada su figura y sus recuerdos por los etarras, los mismos que asesinaron vilmente a su hermano José María.

El alférez de IMEC, en prácticas

Una mañana de sábado estaba Mercedes de compras en El Corte Inglés. Yo le acompañaba. No hacía mucho tiempo que me había incorporado y, cuando caminábamos por uno de los pasillos, nos encontramos de frente con Cabieces, acompañado de una dama. Hacía unos seis años que no nos veíamos, pero no habríamos cambiado mucho cuando nos reconocimos al instante. Nos alegramos al vernos. El ya conocía a Mercedes desde Las Palmas de Gran Canarias, nos presentó a su mujer y estuvimos hablando un poco recordando los tiempos de Canarias. A Cabieces lo tuve en mi compañía, la 1.ª del Canarias n.º 50, de Alférez de la IMEC en prácticas. Me correspondió evaluarlo al finalizar su servicio militar y me fue fácil hacerlo, los apartados fueron todos de notable y sobresaliente. Él sabía que yo había estado en Bilbao con anterioridad, por las conversaciones que sobre el mismo mantuvimos el Las Palmas; que volviese otra vez, le sorprendió, Le dije que estaba en Soyeche para lo que quisiese, él me dijo que estaba en Portugalete para lo que dispusiese, que era concejal y teniente de alcalde de dicha ciudad, cosa que yo ignoraba hasta entonces.

—Me alegro de tu nombramiento como teniente de alcalde. Y si lo hiciste muy bien de alférez en prácticas, estoy seguro de que también ahora lo harás en tu nuevo cargo, ahora como político.

Quedamos en vernos, él sabía que yo estaba en el acuartelamiento de Soyeche, y yo sabía dónde buscarle en el Ayuntamiento de Portugalete. Pero yo no hice por verlo para que no lo tacharan de amistad con los militares y él, quizás, hizo lo mismo para que no me tacharan a mí de amistad con los políticos de su partido el PSOE, que también estaban, ya, en el punto de mira de la ETA. De no haber existido el terrorismo, nos hubiésemos visto en más de una ocasión, pues entra dentro de lo normal cuando has convivido un tiempo en el ejército.

Mikel Cabieces: Militante del Partido Socialista de Euskadi, después fue alcalde de Portugalete y delegado del Gobierno del País Vasco.

El cable del pastor eléctrico

Una tarde llegó al acuartelamiento un compañero que estaba recién incorporado diciéndome con un tono acelerado:

—Vengo de Bilbao, y en el tramo de carretera entre Munguía, y aquí, en la curva de la alcantarilla, hay un cable de electricidad muy camuflado que puede ser para detonar una carga explosiva a distancia con un cebo eléctrico.

—¿Te has cerciorado bien del tipo de cable que es? —le pregunté.

—Si. Seguro que es eléctrico, igual o muy parecido al que nosotros utilizamos en las prácticas para conectar la carga explosiva con el explosor para activar el cebo eléctrico.

—Vamos allá y ahora mismo salimos de dudas. Nos acercamos con el coche y lo comprobamos.

Y así lo hicimos y, efectivamente, en el punto indicado estaba el cable camuflado algo parecido al nuestro. Era un trozo de cable del pastor eléctrico que pertenecía al cerramiento, ya deteriorado, de la finca lindante con la carretera. Cuando salimos de dudas, me comentó:

—La verdad es que está situado en un lugar ideal para un atentado; la curva, la alcantarilla, el montículo y el espacio a retaguardia para evadirse.

—Efectivamente tienes toda la razón. Así es, pero desde Bilbao aquí hay 100 puntos como este y muchos mejores para que nos tiendan una emboscada.

Pensé: la tensión lógica del recién llegado. Pasado unos días, ya no mirará a los lados de la carretera cuando conduzca. Irá más tranquilo.

El teniente de seguridad

El teniente jefe de la Sección de Seguridad era muy consecuente con la misión asignada a su unidad, por ello le dedicaba toda la atención necesaria para el buen funcionamiento de la misma. Siempre estaba atento a todos los movimientos que se producían en los exteriores próximos al acuartelamiento, a la inspección diaria de la alambrada perimetral detectando cualquier rotura habida en la misma por pequeña que fuese. De forma especial, se preocupaba por el personal de la guardia de prevención cuando formaba en las proximidades del Cuerpo de Guardia para recibir a la autoridad militar que, en ocasiones, visitaba el acuartelamiento.

Frente a la puerta principal, al otro lado de la carretera, existe un pequeño montículo desde donde se divisa perfectamente el lugar donde formaba la guardia y se paraba la autoridad. Por ello, me repetía con frecuencia:

—Desde ese montículo, un día nos van a atentar.

—Está demasiado cerca el montículo, Luís —argumentaba yo—. No se arriesgarán. Además, tiene difícil la evasión.

Unos meses después, cuando se fue la autoridad que nos había visitado por la mañana, me dijo:

—Hoy he visto que se movía gente en el montículo. Estoy completamente seguro. El día menos pensado, cometerán un atentado.

Y como le viera muy preocupado, le dije:

—Vamos a salir de dudas. Nos acercamos y veremos si encontramos algún rastro.

Y así lo hicimos, encontrando en el lugar a un burro junto a los arbustos con abundante estiércol a su alrededor, señal que era su lugar de sesteo. ¡Como estaba al otro lado de la pequeña divisoria desde las inmediaciones del cuerpo de guardia, sólo se le veían, a veces, las enormes orejas del borrico en movimiento!

El teniente llevaba varios años en el País Vasco y había visto muy de cerca lo que pasaba a diario, esto, junto al gran interés puesto en el cumplimiento de su misión, en ese momento, llegó a obsesionarse.

El general lo vería de otra manera

Cuando llevaba unos meses en Soyeche, un día, con motivo de la visita al acuartelamiento del capitán general de Burgos, después de un recorrido por las instalaciones y una reunión con los mandos de la plaza de Bilbao, vi al coronel que, entonces era teniente coronel, y estaba de ayudante con el general gobernador, cuando los manifestantes proetarras intentaron entrar en el Gobierno Militar. Me dirigí a él para saludarlo:

—¡Hombre, Umbría! Otra vez tú por aquí. Me alegro. Yo continúo en el Gobierno. Cuando vayas por allí, haz por verme. Tomaremos café y recordaremos aquellos días que eran más complicados que estos.

—¡Ni punto de comparación! —le respondí.

Continuamos hablando un poco y en un momento, como recordando algo, me dijo:

—¡Qué buena compañía de Policía Militar tenías! Por cierto, cuando efectuasteis los disparos al aire, cuando los manifestantes, el general no te arrestó gracias al coronel secretario.

—Pues nunca me dijo nada el coronel —le respondí—, aunque si me hubiese arrestado el general, hubiese sido porque el soldado de la PM, centinela del control, y los dos soldados del Garellano, centinelas de las garitas elevadas, cumplieron con su obligación.

—Exacto, exacto. Así lo vimos todos, pero el general lo vería de otra manera. Ten en cuenta que estaba muy próximo el ascenso a teniente general. Al poco tiempo ascendió.

La caja de cartón

Un domingo por la tarde, acompañado de Mercedes, oímos misa en una iglesia pequeña que hay cerca de El Corte Inglés. Después, dimos un paseo por la zona de los Jardines de Albia, tomamos una cerveza y regresamos donde teníamos aparcado el coche, no lejos de la iglesia, con la intención de cogerlo y regresar a Munguía. Entonces no había problemas para aparcar un domingo en el centro de Bilbao. Cuando distábamos unos metros de él, me preguntó Mercedes, parándose y parándome: ¿No ves la caja que hay debajo de nuestro coche? No te acerques, que puede explosionar. Sin acercarme, vi perfectamente la caja que no estaba disimulada en absoluto, era de cartón y no era pequeña. A todo esto, Mercedes me decía:

—Llama a la Policía, que ellos tienen especialistas.

Ya me había dado cuenta de que la caja la había arrastrado el viento hasta que quedó atrapada bajo el coche, y así se lo hice saber:

—Ahora, retírate hasta la esquina, que me voy a acercar solo al coche para inspeccionar de cerca la caja. Por esto no vamos a molestar a la Policía ni a nadie.

—Bien, muy bien. Acércate, inspecciona y mira debajo del coche y todo lo que quieras, pero yo voy contigo. Y si pasa algo, que nos pase a los dos —dijo con disposición Mercedes.

Nos acercamos, vi que no contenía nada en su interior ni cables adosados. Toqué la caja muy despacio con el pie y comprobé que no estaba anclada y la retiré con las manos. Cuando tomé la decisión de acercarnos los dos, yo estaba convencido de que la caja no contenía ningún explosivo, por lo grande que era, lo visible que estaba y muy mal colocada para un atentado terrorista. Por ello, aclaro, que no quería ser un héroe ni un insensato y menos llevando a Mercedes a mi lado. De ella no digo nada, pero el lector comprenderá...

La duda

Una mañana de domingo, después de oír misa en Munguía, decidimos dar un paseo en coche hasta el puerto pesquero de Motrico. Ya próximo, a la salida de una curva había dos chicas, una sentada en el suelo y la otra haciendo *autostop*. Era en una zona muy solitaria, no había caseríos ni tierra de cultivo por los alrededores. Casi instintivamente paré un poco más adelante de donde estaban ellas. Acudieron a la carrera y entraron en el coche, diciendo: «vamos a Motrico, la carretera que lleváis nos conduce y allí», no portaban bolso ni prendas de abrigo, a pesar del frío que reinaba por todas partes. Por el retrovisor interior observé que iban despeinadas y poco arregladas:

—¿Qué hacéis solas por estos parajes?, ¿estáis haciendo ruta y os habéis perdido? —les pregunté con idea de iniciar una conversación.

—No, venimos de un caserío cercano de echarle de comer a los perros.

Y empezaron a hablar en euskera y solo pude entenderles el chacurra y los chacurras. A la entrada del pueblo, me dijeron que se bajaban allí. Lo hicieron de forma rápida y ni me dieron las gracias. No me pareció su comportamiento nada correcto, pero solo pensé que eran síntomas de mala educación. Al día siguiente oí por la radio que habían cogido a dos etarras en un caserío del término de Astigarribia y otros dos habían huidos. No especificaba la noticia el sexo. Entonces pensé que las dos que llevamos a Motrico podían haber sido las fugadas de la Policía, pues la zona donde estaban, no distaba mucho de Astigarribia. Cuando dijeron chacurra, igual se podían estar refiriendo a perro, que es realmente el significado en euskera que a policía, que es como le llaman despectivamente. ¡Pudieron ser o no serlo!

Le comenté a Mercedes la noticia de la detención de los etarras, aún a sabiendas de su respuesta:

—Nunca me haces caso. No me gustaron las chicas nada más verlas por la pinta que llevaban, pero tú recoges a todo el que te encuentra, al *hippie* de la Playa del In-

glés en Las Palmas, que tuviste que desinfectar el coche, al
hombre del canasto de quesos frescos de Villanueva de la
Serena (Badajoz), que me gasté litros de colonia para que
desapareciera el olor y, ahora, a las etarras. ¡Lo que faltaba!
Y no sigo más.

Para rematar su enfado, le dije:

—Etarras no, probables etarras...

Permanecieron en el País Vasco

No puedo dejar de mencionar a un excelente compañero
y a su extraordinaria esposa, por muchas cosas, la principal,
por el tema que trato: la de su permanencia en País Vasco, destinado entre el regimiento y la USAC. Son Virginia
y Alfonso. A él lo conocí cuando el regimiento estaba en la
Calle Luís Briñas de Bilbao, y a ella cuando llegué a Soyeche
siete años después. Alfonso cuando me marché de Bilbao,
era sargento y cuando regrese a Soyeche había ascendido a brigada. Nos llevamos una gran alegría al volvernos
a ver y recordamos tiempos pasados. Estos amigos vivían
en los apartamentos y estaban muy relacionados con personal civil de Bilbao, Munguía y sus inmediaciones. Por ello,
siempre estaban dispuestos a colaborar, orientar y ayudar a
todos los que pertenecíamos al regimiento y a la USAC en
lo concerniente a médicos, colegios, instituto y universidad
o cualquier otro requerimiento. Como todos había podido pedir destino a cualquier sitio de España, pero nunca
lo hizo. No eran vascos, sino leoneses del bonito valle del
Bierzo (León), pero se quedaron en Vizcaya durante toda su
vida militar activa. Su hija, desde párvulo hasta finalizado el
bachiller, estudió en Munguía, y la carrera en Deusto. Son
dignos de admirar, hablo en plural de ellos porque estaban
muy compenetrados en todo y porque Virginia nunca le in-

sistió que pidiese destino a otro lugar y por pasar todos los años del terrorismo etarra entre Bilbao y el Valle de Soyeche, sin temer a la ETA.

Asesinato del teniente de Farmacia

El día 25 de abril, de 1989, por la mañana, en las noticias de la radio oí que en Bilbao habían asesinado a un militar. Al principio, me quedé pensativo por si en la formación de las 8 había faltado alguno del regimiento. Los de la USAC estábamos todos, excepto los dos oficiales y suboficiales entrantes y salientes de la Guardia de Prevención. Al poco, dieron el empleo, nombres y apellidos: se trataba del teniente de Farmacia Juan Baustista Castellanos Martín. Hacía tiempo que no moría asesinado por la ETA compañeros míos conocidos, pero a Juan Baustista sí lo conocía bien, de mi anterior destino en la Policía Militar cuando estábamos en el Acuartelamiento del Gobierno Militar, donde se hallaba la Farmacia Militar. Por ello, nos veíamos a diario. Él, entonces, era brigada. En una ocasión me dio para la compañía varias botellitas de linimento Sloan —popularmente conocido por el Tío del Bigote— que ya estaban descatalogadas, pero seguía siendo muy eficaz para los esguinces o cualquier tipo de magulladura. Como lo empleábamos con frecuencia, a veces, la sala de judo olía a botiquín, pues el ungüento olía muy fuerte, a medicamento.

El teniente de 56 años fue asesinado antes de las 9 de la mañana cuando se dirigía a su destino. Fue interceptado en la calle María Díaz de Haro, donde tenía su domicilio. Cuando salía del garaje con su vehículo, le cerró el paso un Citroën BX y un etarra se bajó del mismo disparando contra el teniente, que fue alcanzado en el corazón, la nuca y el brazo izquierdo. El asesino regresó al Citroën, donde otro etarra le esperaba al volante y se dieron a la fuga.

El Citroën había sido robado a punta de pistola en Galdácano (Vizcaya). Su propietario fue esposado y metido en el maletero, desde donde escuchó los disparos. El rehén dio golpes en el coche cuando dedujo que había sido abandonado y fue liberado por el empleado de un negocio próximo.

El teniente era natural de Abadía (Cáceres), estaba casado y tenía dos hijas. Fue compañero y amigo del capitán Martín Barrios, pues ambos estuvieron destinados en la Farmacia Militar hasta que en el 1983 asesinaron a su capitán.

La capilla ardiente fue instalada en el Gobierno Militar. El funeral se celebró en la basílica de Begoña, adonde acudí para acompañar a la familia y despedir a un compañero. El obispo auxiliar de Bilbao, Juan María Uriarte, aseguró en un comunicado que «la misma esperanza de una paz cercana va siendo asesinada cada día con estos crímenes», según Efe.

Juan Baustista fue el último compañero conocido por mí asesinado por la ETA

El enano de Plencia

Una tarde, debía ser domingo, Mercedes y yo decidimos dar un paseo por Plencia. Desde Munguía y en coche se tarda poco. Este recorrido lo hacíamos de vez en cuando y, en verano, con relativa frecuencia para ir a la playa. Pero esta tarde la finalidad era pasear y merendar en uno de los bares, dado que la mayoría daban un buen servicio. Entramos en uno de los más grandes y estaba lleno de personal, porque estaban retransmitiendo desde Madrid la corrida de toros de la Beneficencia. Como pudimos, llegamos a pie de barra y pedimos una cerveza y un refresco. La corrida iba por el sexto toro y el personal estaba muy atento a la corrida, por lo que pensé con agrado: «Ahora mismo, estamos como los de Sevilla, Albacete o Valladolid atentos y disfrutando todos de la retransmisión de la corrida de toros». Cuando finalizó para despedir a su majestad el Rey, que la presidía, sonó, como es preceptivo, el himno nacional, que los allí presentes oíamos con atención. Y de repente, sale de la cocina un hombre de muy poca estatura, debía ser el dueño o el encargado, con la voz en grito diciendo:

—Quitad eso, quitad eso, que eso no se oiga aquí, que eso no se oiga aquí! —repitió.

Parecía que el enano había oído al demonio y, rápidamente, apagaron el televisor.

Mercedes, desde hacía algún tiempo, me venía diciendo, como dicen las cosas las mujeres cuando quieren conseguir algo:

—Diego, debes pedir destino fuera del País Vasco. Tú ya has cumplido con la patria y con tu conciencia poniendo tu granito de arena...

Aquella tarde pensé que ella podía tener razón. Un enano, con cuatro gritos, impuso su criterio ante más de cien personas que nos hallábamos en el local.

Hasta aquí he relatado mis vivencias en el País Vasco, que es donde estuve destinado, pero no me he olvidado de Navarra, que, aunque no tuve destino, sí mucha relación por pertenecer administrativamente al Centro Financiero de Pamplona, donde debía desplazarme varias veces al mes por asuntos administrativos del acuartelamiento. Algunas veces, debía permanecer varios días en ella cuando formaba parte de la Mesa de Contratación. En estas ocasiones, aprovechaba las tardes-noches que podía para conocer la ciudad y su ambiente. Pamplona, bonita ciudad con amplias avenidas y señorío en sus instalaciones de comercios, bares, cafeterías, restaurantes y muchas cosas más...

Pero también para mí tenía un gran defecto: parte de la población era proetarra y, por ello, partícipe de la barbarie vasca, quizás en un porcentaje menor que los vascos, pero sí elevado, sobre todo en su parte norte. Se cometieron muchos actos terroristas en Navarra durante todo el tiempo que estuvo activa la ETA, y fueron aplaudidos igual que los de Bilbao, San Sebastián y Vitoria. Vi manifestaciones iguales de violentas que las del País Vasco y murieron también muchos españoles asesinados por la ETA en tierras Navarras. Por ello, todo lo escrito hasta aquí relativo al comportamiento de la población vasca es aplicable a una parte de la Navarra. Yo conocía bien a los soldados navarros cuando estuve en Regulares: eran nobles, disciplinados, trabajadores y responsables, por ello no entendía, ni entiendo, ni entenderé como un pueblo, el navarro, con todo lo que posee, incluida su historia, quiera ser vasco en lugar de navarro. ¡Es cómo de tontos, pero sin el cómo! Que los vascos quieran que los navarros sean vascos, eso es de listillos.

Muerte de Muguruza

El día 20 de noviembre de 1989, nos hallábamos cenando en el bar-restaurante existente frente a la puerta principal del acuartelamiento de Soyeche cuatro capitanes, Félix, Pepe, Alfredo y yo. Habíamos invitado a Alfredo, que estaba destinado en San Sebastián y por motivos del servicio se había desplazado a Bilbao. Cuando estábamos comenzando la cena, se acercó el camarero que nos atendía, diciéndonos: «Acaban de decir por la televisión que ha habido un atentado en un restaurante de Madrid y ha muerto Muguruza».

Nos miramos los cuatro y, casi al unísono, dijimos: «un hijo de puta menos», para a continuación, decir: «Esto no conduce a nada. Seguirán las cosas como están. Estos días habrá movidas y algaradas, a las que ya nos tienen muy acostumbrados y poco más». Y continuamos cenando con toda normalidad y hablando de nuestro quehacer diario. Ninguno de nosotros brindó con champán, ni echó las campanas al vuelo ni cosa parecidas; tampoco hubo más comentarios durante la cena relativo al atentado, nuestra educación militar y humana no nos lo permitían. Dos días más tarde, hubo huelga general en el País Vasco y Navarra y, como siempre, quemaron coches, rompieron escaparates, mobiliario urbano, quemaron contenedores y destrozaron lo que hallaban a su paso. Y durante toda la semana, continuaron con actos vandálicos muy violentos, los que ellos llamaban —kale borroka— lucha callejera.

Muguruza fue asesinado el 20 de noviembre de 1989, mientras cenaba junto a otros dirigentes abertzales en el Hotel Alcalá de Madrid. Dos encapuchados dispararon contra el grupo causándole la muerte al etarra mencionado en el acto. El objetivo de los asesinos era atentar contra la vida de Iñaqui Esnaola y Jon Idigoras, pero fallaron al alcanzar los proyectiles de 9 mm a Muguruza y Esnaola, este salvó la vida.

Muguruza era miembro de la Mesa Nacional de Herri Batasuna y diputado electo en las Cortes Generales de España. Es considerado por muchos analistas y políticos como uno de los líderes a la sombra de Herri Batasuna, con un peso político real mayor que figuras más conocidas como podían ser Esnaola o Idigoras. El que fuera presidente del PNV, Javier Arzalluz, lo llegó a calificar como «general de Herri Batasuna». De joven, huyó a Francia y durante años ejerció distintos cargos en la organización terrorista en su santuario francés. Fue entregado a España, donde estuvo en prisión poco tiempo.

Pasado un tiempo, dos ultraderechistas fueron detenidos acusados de ser los autores del asesinato: Ángel Duce y Ricardo Sáenz de Ynestrillas. El primero ingresó en prisión y fue condenado a noventa y nueve años y ocho meses de cárcel, mientras que el segundo fue absuelto por falta de pruebas, este último era hijo del comandante Ynestrillas, que poco tiempo antes había sido asesinado por la ETA.

Desde la noche del asesinato, se solivianió la mayor parte de la población vasca y una porción considerable de la navarra. Al día siguiente, por motivo del servicio, me desplacé a Pamplona y tuve que bordear varias calles para llegar al Centro Financiero; de regreso, al pasar por Alsasua, donde de ordinario solía tomar café, tenían cortada la carretera y estuvimos retenidos más de una hora. Ese día me quedé sin café. Continué hacia Bilbao donde a la llegada, me encontré con varias calles cortadas. Ya noche, tuve que callejear, por donde pude, hasta que desemboqué en el barrio de Churdinaga, y como pude puse rumbo a Munguía, tanto el viaje de ida a Pamplona, como el de vuelta, lo hice sin compañía en el coche de mi propiedad.

Mercedes iba diariamente a clase a Deusto. Su profesora, viendo lo que había por la muerte de Muguruza e intuyendo lo que se avecinaba en días venideros, le dijo que la dispensaba de su asistencia a clase durante toda la semana:

—No te preocupes. Tu compañera de mesa te pasará los apuntes y yo te aclararé las dudas, que puedas tener.

A la semana siguiente, añadió:

—Sé que eres esposa de militar sin que tú me lo hayas dicho. También lo saben la mayoría de la clase, por lo que debes evitar situaciones de riesgo —informó esta excelente profesora vasca llena de humildad.

Medidas de seguridad

Tanto en Vitoria, Bilbao y Munguía la mayoría de los mandos salía a la calle, con relativa normalidad: un grupo minoritario, salía muy poco, y cuando lo hacía tomaba todas las precauciones posibles; por ello salían de la residencia o del interior del acuartelamiento solo cuando les era muy necesario y en contadas ocasiones.

Otro grupo, este mayoritario, salía cuando les parecía y tomaba las precauciones recomendadas sin más, y un tercer grupo entraba y salía cuando apetecía: tomaba las precauciones básicas y, la mayoría de las veces, ninguna. No se puede vivir con una tensión constante porque acabas mal. Por ello, la propia naturaleza —en nuestro caso apoyada por la formación militar—, casi todos los que estábamos allí destinados veíamos el tema con relativa tranquilidad, aun sabiendo muy bien dónde estábamos, el terreno que pisábamos y a lo que estábamos expuestos en todo momento.

Continuaron en sus destinos

Igual que antes he mencionado a Virginia y Alfonso, había muchos compañeros que no se movieron del País Vasco: unos vivían en los pabellones militares, otros en los pueblos de las márgenes de la Ría y otros donde su economía se lo permitía: las mujeres de muchos de ellos, amenazados por la ETA, durante todos los años de terrorismo, tuvieron que soportar miradas y comentarios acusatorios y sus hijos, en los colegios y entre sus amigos, tenían que decir que la profesión de su padre era otra distinta, y mil peripecias más. ¡Y así durante muchos años!

Igual que mis compañeros militares, hubo personal civil que por su ideología política o porque no pagaron el mal llamado impuesto revolucionario —a lo que yo llamo atraco a mano armada de los mafiosos—, o por cualquier otra causa, tuviesen la profesión que tuviesen, sufrieron la injusticia de los etarras. Este personal civil pertenecía a un amplio abanico de profesiones, pero del que más conocía pertenecía a la enseñanza universitaria, que lo pasó muy mal por el mero hecho de no comulgar con las piedras de molino de los asesinos, pues es bien sabido por la mayor parte de la sociedad que las universidades vascas y navarra eran un hervidero de etarras y que los profesores y alumnos que no eran de su cuerda lo pasaban mal, muy mal, día, a día.

También señalo mi admiración por los periodistas y por otros muchos trabajadores de los medios de comunicación, vascos y navarros, que diariamente se enfrentaban con sus escrito y sus palabras a los etarras por decirles las verdades que no querían oír y, mucho menos que las oyesen sus correligionarios. Todos sabemos que a varios de estos valerosos trabajadores de los medios de comunicación les costó la vida o alguna invalidez.

Nunca olvidaré, la firmeza del filósofo y escritor Fernando Savater que con asiduidad visitaba San Sebastián, su tierra. Con sus palabras y sus escritos intentaba evitar el mal que diariamente cometían los de la ETA y todos los que le apoyaban, ni a Alfonso Ussía, que escribía y hablaba y daba la cara, ni a Carlos Herrera, que también hablaba y escribía con mucha frecuencia del tema del terrorismo vasco; ni a Iñaki Ezquerra impulsor de la plataforma cristiana foro El Salvador y uno de los fundadores del Foro de Ermua, y otros muchos que, como ellos, denunciaban estas atrocidades y, por ser muchos, me es imposible relacionar.

Gracias por su valentía. Deben de estar siempre orgullosos de su comportamiento.

A la inversa, otros predicaban y apoyaban el mal, a los malhechores y a quienes les protegían: por aquellos tiempos, estaba en activo un hombre de la radio que yo le oía con frecuencia, pero un día dejé de escucharle para siempre porque jamás habló de la barbarie que estaban cometiendo en su tierra, y él manejaba unos medios con gran audiencia, y por ello tenía poder de disuasión o, al menos podía haberlo intentado. No sé si estaba a favor o en contra, o si le resultaba indiferente el tema, o si le pudo el miedo. De cualquier modo, vivirá siempre oliendo su cobardía.

Detención de Waldo

Después de muchos años practicando el terror, fue detenido en su santuario, por la Policía francesa en colaboración de la Guardia Civil, el día 23 de septiembre de 1990, en Biarritz (Francia), José Javier Zabaleta Elósegui, alias Waldo. Esta detención fue considerada como el más duro golpe que recibió la ETA en el año 1990. Fue responsable, durante años, de los comandos legales (no fichados por la Policía) e ilegales (a sueldo de la ETA) hasta su detención. Llegó a ser el número dos de la organización terrorista bajo la dirección de Francisco Múgica Garmendia, alias Pakito. Con la detención de Waldo cayeron varios comandos, pues se descubrieron zulos y pisos francos donde fue incautado armamento y munición y una abundante, importante e interesantísima documentación de la banda terrorista. En una parte de ella, en un dossier, figurábamos casi todos los mandos del regimiento Garellano y de la USAC «Soyeche», donde se detallaban los movimientos más habituales que realizábamos fuera del acuartelamiento y pormenorizando hasta pequeños detalles de nuestra persona y vestuario.

Sintetizando, referente a los seguimientos que me habían hecho, constaba, además de mi edad aproximada y constitución física los siguientes: que salía con frecuencia por las tardes del acuartelamiento para practicar deporte o para desplazarme a Bilbao o Baracaldo; que los fines de semana salía por la mañana en compañía de mi mujer y no regresábamos hasta bien anochecido. Y, en parte, así era, excepto que no siempre íbamos a Bilbao y Baracaldo. Ya, qué los fines de semanas nos recorrimos las ciudades, pueblos y puertos más significativos del País Vasco, al igual que la costa cántabra desde Castro Urdiales a San Vicente de la Barquera y el norte de la provincia de Burgos, sobre todo el bonito Valle de

Mena y las Encartaciones. Está claro que por estas zonas no debieron seguirme y por ello vigilarme.

En cuanto a mis prácticas deportivas, si sabían bien por donde transitaba: los días laborables, por las tarde, solía hacer carrera continua en un recorrido de 8 a 14 kilómetros. Para ello tenía tres circuitos: salida del acuartelamiento por la puerta principal hasta llegar a Munguía y regreso; otro, salir del acuartelamiento por la puerta del campo de tiro en dirección Baquio y regreso y el tercero: salir por la principal llegar a Líbano y regreso. El itinerario de vuelta de Munguía y Baquio lo hacía por camino distinto al de ida, pero el de Líbano era el mismo dadas las características del terreno, en éste, en la bajada solía enjuagarme la cara en un arroyo alcantarillado que corría bajo la estrecha carretera. ¡Hasta ese detalle figuraba en el dosier de Waldo! Referente a mi vestimenta deportiva, resaltaba que siempre llevaba como prenda de cabeza un sombrerillo de tela, de playa blanco y zapatillas azules. Y así era; también, que algunas veces me acompañaba un capitán gallego, lo que también era cierto, pues me acompañaba mi buen amigo Antonio. Esta exacta información, deportiva, sólo pudieron darla algunos de los muchos vascos destinados en el regimiento y en la USAC.

Pero en todo lo que se refiere a Bilbao, estaban muy despistados, pues la mayoría de lugares a los que hacían referencia, yo los desconocía y en cuanto a mis paseos por Baracaldo, pasaba lo mismo, con la agravante, para mí, que hacían constar que yo visitaba los bares de la calle principal de Baracaldo, donde se trafica y consume drogas, decían. En aquellos años en casi todos los bares de dicha calle se consumían drogas, mercadeo que se detectaba por el olor característico de la marihuana y el hachís —a porros— nada más entrar, cosa que yo nunca he consumido porque, desde muy joven, sabía los efectos destructivos de la misma. Lo del tráfico no se detectaba a simple vista: puede que lo hubiera pero yo lo desconocía. Este añadido en el informe —donde se trafica y consume drogas—, en caso de haber sufrido un atentado, lo hubieran justificado diciendo que, además, de militar era traficante de drogas. Ni por mi imaginación podía pasar lo de traficar con algo y menos con drogas, pero los etarras utilizaron con frecuencia la más inhumana propaganda —miente que algo queda— y, aunque no me acusaban directamente de algo totalmente incierto, lo insinuaban. Y no puede haber una cosa peor que te culpen de lo que no has hecho, si has cometido una falta leve, grave o delito, puedes, al menos, decir: «Lo he hecho y aquí estoy yo». Me defenderé como pueda, justificando los motivos por lo que lo hice, pero si no lo has cometido, cómo te puedes defender. ¡Y desde luego, de ninguna de las maneras, si antes te han asesinado!

¡A cuantos asesinaron y lo acusaron después de traficantes sin serlos! Que sepan los familiares de los asesinados por la ETA que fueron acusados de traficantes, que la mayoría no lo eran: los terroristas, al acusarlos, solo querían justificar de esta manera tan absurda el crimen de un ser humano, y si alguno fue traficante, no era ni el más mínimo motivo para que lo ajusticiaran.

Mis primos vivían próximos a la calle principal, ya mencionada, donde, cuando podía, les visitaba. Y los etarras tenían localizado el número de la vivienda, pero no el piso. En los bares de la calle vendían, entre otras bebidas, vino, cerveza y *whisky,* que era lo que consumíamos mi primo, mis paisanos, amigos y yo, según horario.

Otros compañeros figuraban en el dosier de Waldo, más o menos reducido, pero la mayoría debían haber sido obtenidos desde una distancia muy próxima: desde dentro del cuartel y por personas que estaban a nuestro lado, y me baso entre otros, en estos dos detalles: relativo al coronel, figuraba que cojeaba de una pierna, un detalle que no se percibía si no estabas muy próximo a él. Esta pequeña dificultad era debida a que la ETA, hacía años, siendo capitán, les disparó tres veces, a quemarropa, con una pistola de pequeño calibre alcanzando uno de los disparos en la pierna y los otros dos en el abdomen. También figuraba en la información del capitán Juan que apenas cojeaba, lesión en una pierna debida a un accidente cuando realizaba el Curso de Alta Montaña. Sin lugar a dudas los informadores de la ETA lo teníamos en casa y, además, muy cerca de todos nosotros. También me atrevo a asegurar que era solo una minoría, y repito, la mayoría, cumplía muy dignamente con su deber de soldado.

Pedí destino

Mercedes seguía insistiendo, desde antes de lo de Waldo, que debíamos dejar el País Vasco. ¡El sexto sentido de las mujeres! Yo, sin embargo, seguía en lo mío. Entonces la mayoría de los mandos estaba en destino forzoso, por lo que al cumplir un año, se marchaban casi todos junto a sus mujeres y sus hijos, que eran sustituidos, inmediatamente, por otros. Y vuelta a empezar: conocer nuevas amistades, empezar de nuevo en el campo de la convivencia..., me decía.

Un día, para que viese que la oía, cuando salieron las vacantes publicadas en el *Diario Oficial del Ejército*, pedí destino, y solicité tres vacantes de las que creí que no me darían ninguna:

—Siempre habrá algunos más antiguos que la pedirán —me decía.

Las pedí, como solemos decir en los casos donde existen pocas probabilidades, por pedirlas. Pero la verdad es que la vacante que no te dan son las que no pides: si la pides, estás expuesto a que te la concedan.

Le comuniqué a Mercedes que había pedido destino, se alegró y me preguntó a continuación:

—¿Qué posibilidades hay de que nos la concedan?

—Un 50% —respondí con la conciencia de mentir, lo que hubo de intuir Mercedes porque me miró no muy convencida.

Pasaron los días, ya me había olvidado de las vacantes, cuando una mañana se personó en mi despacho el brigada de la PLMM —Plana Mayor de Mando— diciendo:

—Enhorabuena, mi capitán. Le han concedido una de las vacantes que pidió.

Me quedé un poco pensativo y con gesto de enfado conmigo mismo, gesto que él hubo de observar, porque:

—Parece que no se alegra usted del destino —me dijo.

—La verdad es que se le coge cariño a estas unidades y a estas tierras, a pesar de todo —cambié mi gesto y le di las gracias por su información—. A mediodía nos tomamos unas cervezas —dije invitándole.

Se lo comuniqué a Mercedes, que fue la que verdaderamente se alegró, igual que mis padres, mis hermanas y mis suegros.

Los compañeros y familia residentes en Soyeche nos prepararon un pequeño vino de despedida, donde vimos y vivimos el verdadero espíritu de compañerismo y amistad. A todos les agradecimos tanta amabilidad.

Al día siguiente emprendimos una nueva etapa, sin olvidar nunca nuestros días en Soyeche, Munguía, Bilbao, Baracaldo y muchos pueblos más de Vizcaya, Álava y Guipúzcoa.

Conclusiones

Por estos años vividos en el País Vasco y solamente bajo mi punto de vista, quiero hacer constar lo siguiente: La llamada banda terrorista ETA, se mire por donde se quiera, no eran más que una banda de mafiosos que actuó durante cincuenta y un años como tal, sembrando de sangre a España entera y en especial al País Vasco y Navarra.

Según datos de la Asociación Victimas del Terrorismo, la ETA asesinó a 857 personas por los motivos que a los etarras les apetecía, y dejaron mutilados, inválidos y trastornados psíquicos a muchos miles. De estos 857 asesinatos, 378 no han sido esclarecidos lo que supone un 44% de ellos, los autores andan libres y, dadas las circunstancias, nunca lo aclararán.

El año que arroja mayor balance de víctimas mortales es el 1980, con noventa y ocho asesinados, tan solo tres años después que la ley de Amnistía General vaciara de etarras las cárceles españolas.

Dejaron a cientos de mujeres sin marido, a miles de hijos sin padres, y a cientos de madres y padres sin hijos, y a miles de hermanas y hermanos sin una hermana o sin un hermano.

¡Causaron el mayor mal, posible, a personas que no habían hecho mal a nadie, ni pensaban hacerlo!

Tres grupos que debían haber actuado de distinto modo

Primero, el gobierno autónomo vasco. Era su obligación, pero puso poco empeño en frenar la barbarie. Cuando se constituyó el primero, pensé: Aquí acabará la ETA. Los vascos tienen una amplia autonomía y dejarán de matar y de extorsionar, y no exigirán más. Me equivoqué.

Segundo, el clero vasco y navarro. De estos últimos ya he apuntado algo: por aquellos años, tenían mucho poder de disuasión sobre sus fieles, pero no lo utilizaron para persuadir a los criminales para que dejaran de asesinar, sino todo lo contrario, pues muchos les apoyaron y socorrieron y consolaron espiritualmente, como acabamos de ver y todos sabemos de antemano.

Tercero, la otra parte del pueblo vasco, la que no estaba a favor de la ETA. Lo que estaban a su favor, los seguidores, bien que descaradamente les apoyaban, jaleaban, se alegraban y justificaban sus crímenes y fechorías. Me refiero, a esa otra parte del pueblo que veía el mal, pero era incapaz de reconocerlo, permanecía ausente, indiferente, parecía una sociedad sonámbula o anestesiada, totalmente pasiva, solo pensaban: «Cómo yo no he hecho nada, a mí no me van a matar». Esa parte de la sociedad vasca se limitaba a mirar para otro lado. ¡Y qué equivocados estaban!, cómo se comprobó después. La insensibilidad llegó a tal grado que en varias ocasiones asesinaron en la puerta del bar a su compañero de partida de mus, lo tapaban con una manta en espera que retiraran el cadáver y ellos, sus compañeros y amigos, seguían jugando la partida... Resulta increíble, pero es cierto: Yo he sido testigo presencial de uno de estos comportamientos.

Si estos tres potentes grupos se hubieran unido, sólo con sus gestos y sus palabras, se podrían haber evitado muchos crímenes.

El Partido Nacionalista Vasco que llevó y lleva, excepto una legislatura, la presidencia del gobierno vasco, ¿qué hizo contra el terrorismo? Muy poco. ¿Pero qué acuerdo debió de haber entre el PNV y los etarras para que estos no tocasen a ningún peneuvista? Ahí están las hemerotecas y la memoria de todos los que allí estábamos: se dieron varios casos en que la ETA siempre mataba al hermano, empresario, que no era del PNV. ¡Cuando la empresa común se negaba a pagar el, mal llamado, impuesto revolucionario!

Hubo en el País Vasco y Navarra una burguesía muy cobarde, que fue capaz de alimentar la economía de unos asesinos, a cambio de su seguridad.

En fin, no soy periodista ni investigador de nada, solo soy un militar retirado que vivió en el escenario del crimen y convivió muy de cerca con los etarras.

Los tres energúmenos. ¡Hay muchos más!

Javier Arzalluz, presidente del Partido Nacionalista Vasco, entre 1980 y 2004, el que dijo: «No conozco a ningún pueblo que haya alcanzado su liberación sin que unos arreen y otros discutan». «Dejad que ellos muevan el árbol, pero sin romperlo, para que caigan las nueces, y otros las recogen para repartirlas», y otras muchas de este calado. Cura (jesuita) arrepentido, con una buena formación académica, por ello la podía utilizar para hacer el bien o el mal. Era muy hábil para ello. Asistí en Bilbao a varios mítines suyos. Sabía manejar las palabras y llevarse al personal que le oía al terreno que él quería. Podía haber hecho mucho por el pueblo noble y leal. Solo lo hizo por él y por su partido. ¿Dios lo tenga donde se merece?

José María Setién, obispo de San Sebastián, entre los años 1979 y 2000. Defensor a cara descubierta de los asesinatos de la ETA, se opuso a que el funeral del socialista Enrique Casas se celebrara en la Catedral del Buen Pastor de San Sebastián, prohibió que se colocara la bandera española sobre los féretros de los guardias civiles y policías asesinados por la ETA en los funerales que se celebraban en sus iglesias. Lo vi una vez caminando por el paseo de la Concha rodeado de curas, podría escribir varias páginas sobre él, todas sobre malos hechos, pero como antes lo he mencionado, ahí queda su negra historia. Que Dios lo tenga donde se merece, en lo más hondo de los infiernos.

Juan Idigoras, Miembro de la Mesa Nacional de Herri Batasuna, en los años 1978 y 1997. Fue uno de los cargos electos de Herri Batasuna que interrumpieron el discurso del Rey Juan Carlos I en la Casa de Juntas de Guernica. En 1997 fue encarcelado acusado de colaborar con la ETA. Herri Batasuna, como todos sabemos, era el brazo político de la ETA, es decir ETA, como años más tarde certificaron los Tribunales de Justicia.

A Idigoras, lo vi una vez en Portugalete, en la barra de un bar-restaurante cerca del puente colgante. Estaba con tres más con la misma pinta. No oí ninguno de sus mítines porque me dio la impresión de que no los daba. Tenía poca base para darlos. Creo que era un hombre de paja, puesto por Santiago Brouard que lo catapultó desde peón de albañil a la Mesa Nacional. Que Dios lo tenga junto a Setién.

Releyendo lo que acabo de escribir, me parece muy fuerte. No es mi estilo ni mi forma de pensar ni de actuar. Mi fe cristiana ni mi educación cívico-militar me lo permiten, pero los etarras, no solo los que apretaron el gatillo y colocaron las bombas sino también eran y siguen siendo etarras, los que de una u otra manera les apoyaron, puedo no odiar y puedo perdonar que así es, pero no puedo ni debo olvidar a mis compañeros, amigos y desconocidos asesinados por la ETA. Por ello envío a los infiernos a todos los etarras.

Próximas las elecciones catalanas

Hoy, lunes 8 de febrero de 2021, próximas las elecciones catalanas. Todo el tiempo transcurrido desde que este Gobierno social-comunista llegó al poder, venimos observando que tanto el presidente como el vicepresidente segundo, palmeados por sus ministros, hacen concesiones a los políticos vascos, catalanes y gibraltareños que están todas fuera de lugar, a vuelapluma: puesta en libertad de presos etarras sin terminar de cumplir la condena, traslados de otros a las cárceles vascongadas, y permiten que sigan haciendo apología del terrorismo cuando son puestos en libertad, o diciendo un miembro de su gobierno que: «Otegui, un exterrorista condenado y confeso y sin mostrar arrepentimiento, es un hombre de paz». Estos que asesinaron a mis compañeros, amigos y a muchos más, ¿cómo ha podido olvidarse Sánchez, ¡el mismísimo presidente del Gobierno de España!, de los muchos y buenos socialistas que fueron asesinados por los etarras! Creo que no saben leer, aunque sé que la mayoría han pasado por la universidad, pero no saben leer, ni pensar, ni actuar con sensatez...

Con los catalanes, el Gobierno de la nación se está cubriendo de gloria. Ha permitido que hayan puesto en libertad a los políticos golpistas para que puedan realizar la campaña para las elecciones autonómica, y estos, ahora, propagan con voz en grito la autodeterminación para conseguir la independencia y la amnistía. Y la pasada semana, el PSOE ha apoyado una moción de ERC que plantea la amnistía de los delincuentes catalanes presos y la autodeterminación de Cataluña, y Podemos apuesta por el «derecho a decidir», lo que está proscrito tanto por el derecho interno español como por el derecho internacional. El Gobierno del doctor Sánchez ha olvidado, siendo su principal cometido, el de defender nuestro orden constitucional. Deben saber que la amnistía a los condenados por el golpe de estado en Cataluña es un imposible constitucional y que el indulto es un imposible jurídico, dos cosas que la Constitución Española no permite, pero, ¡ojo!, quien hizo la ley hizo la trampa, y pueden valerse de la trampa y darles a los partidos catalanes separatistas lo que quieren, la independencia y la amnistía, y como no anden listos, los que deben de andar, se la darán. Y una vez que te hayan dado, o mejor dicho, que se la hayan dado, no se la pueden quitar.

A renglón seguido, se la tienen que dar a los vascos, ¡que también se la darán! Para eso, Otegui, hoy, está apoyando a los independentistas, y todo esto, como dice la canción, por medio peso. Y todo esto por tres cosas: uno, por mantenerse en la Moncloa, otro, por preparar su camino para presidir la III República Española y otros, los palmeros, no pierdan sus respectivos pesebres. Conclusión, a los tres: que con sus marrullerías rompan España, les importa, eso, tres pitos.

Gibraltar, ahora con el Brexit, ha tenido el gobierno español, y por tanto España, una oportunidad histórica de recuperar la soberanía de Gibraltar, ocasión de libro, y a la vez acabar con un paraíso fiscal para reivindicar lo que es de España. Dada la situación, dialogando con el Reino Unido y con el gobierno de Gibraltar para llegar a un acuerdo sensato, justo y positivo.

Pues no, han llegado a un malísimo acuerdo bullanguero, efectuado a última hora, con prisas, firmando lo que el Reino Unido y Gibraltar han propuesto, lo que ha supuesto que consigan todos los objetivos que se habían fijado. Londres conserva la soberanía, la jurisdicción y la base militar. Gibraltar seguirá siendo británico y seguirá sin exigir el impuesto sobre el valor añadido, los impuestos sobre alcoholes, tabaco y petróleo y sin gravar los beneficios que las sociedades establecidas en el Peñón obtengan fuera (*offshore*). Y esto como no lo remedie ahora la Unión Europea, que difícil lo veo, ya no tiene remedio, y España ha perdido una ocasión de oro para, que partiendo del tratado de Utrech, haber ordenado el tema de Gibraltar de una vez por toda. Con el tema de Gibraltar, me podría alargar, pues he crecido próximo al Peñón, pero aquí lo dejo...

Sé que pertenecemos, gracias a Dios, a un país democrático, por ello, personalmente, me parece bien quienes gobiernen, pero que gobierne respetando y cumpliendo con nuestra Constitución, no trampeando para romper a España y llevarla a la ruina y nos veamos como Venezuela o Cuba y otros países de la misma cuerda. Esto como español y militar, retirado, no lo puedo concebir, pues juré la bandera española recién cumplidos los 17 años y he permanecido y permaneceré siempre fiel a su juramento.

Compañeros y amigos que fueron asesinados por la ETA

Coronel Henrique

El coronel don Daniel Henrique García, fue asesinado por cuatro etarras en la puerta de su domicilio en la calle Andalucía del barrio de San Ignacio de Deusto. Fue herido por diez impactos de bala que le causaron la muerte instantánea. Este hecho ocurrió el día 3 de junio de 1982. Era natural de Margoz de Atajo (León). Tenía 64 años. Dejó mujer y cinco hijos.

El 4 de diciembre de 1979, dos jóvenes se presentaron en su domicilio, probablemente con la intención de atentar contra su vida o secuestrarle, pero, casualmente, él se hallaba en Burgos. Los gritos de su mujer y la hija hicieron huir a los agresores. Después de este hecho, un Jeep de la Policía Militar con un cabo y dos soldados de escolta, lo traían al Gobierno Militar desde su casa, y viceversa. Pasado un tiempo, se trasladó a un pequeño pabellón de dicho centro hasta su pase a la situación de reserva, que volvió a su domicilio.

Con el coronel tuve mucho contacto, principalmente por ser el responsable de la entrega del edificio antiguo donde se hallaba el Gobierno Militar a la familia Sota, que eran sus dueños. La guardia de seguridad de este palacete la teníamos asignada, nosotros, la PM; por ello, cuando el coronel, por las tardes, se tenía que desplazar al edificio para contabilizar el material inventariable, junto a los representantes de la familia del naviero, me invitaba a acompañarle, y me decía: «Así, no molestamos a los soldados de la Policía». Era una excelente persona, lleno de bondad. El palacete que hago mención es actualmente la sede del Athletic Club de Bilbao.

El 5 de junio de 1982, convocaron los obispos de la diócesis de Bilbao una concentración contra la violencia. Al acto se adhirieron las juventudes del PNV.

¡La iglesia vasca siempre sin mojarse!

Teniente Uceda

El teniente-músico César. Lo conocí a los pocos días de mi llegada a Bilbao, cuando él se incorporó, después de las vacaciones de Navidad. Ostentaba el empleo de alférez y era el subdirector de la sección de música del Garellano, en cuyo cuartel se hallaba ubicada su sala de ensayo y la de instrumental. Nos veíamos con frecuencia en el acuartelamiento y hablábamos cuando el trabajo nos lo permitía. Siempre estaba muy atareado con sus partituras. Pasado poco tiempo, ascendió a teniente, ocupando el mismo destino. El recuerdo que tengo de él es de trabajador muy activo, culto y preocupado por los demás. Se desplazaba siempre con su Volkswagen Escarabajo color marrón, creo recordar. Sabíamos que estaba amenazado por la ETA, pero permanecía en su lugar, Bilbao, y en la Sección de Música Militar del Garellano.

El teniente don César Uceda Vera, sufrió el atentado el día 21 de octubre de 1982, cuando salía de su domicilio a las 7,30 horas de la mañana, para dirigirse al cuartel de Soyeche, dos etarras a cara descubierta dispararon contra él delante de su mujer y de su hija. Fue trasladado al Hospital de Basurto y, por seguridad, días después, al Hospital Militar Gómez Ulla de Madrid, donde falleció a causa de heridas de balas el día 17 de noviembre de 1982. Tenía 48 años. Era de Andújar (Jaén), criado entre San Sebastián y Bilbao. Dejó esposa y nueve hijos.

Además de subdirector, era empresario, profesor de matemáticas, musicólogo, profesor de música del conservatorio municipal de Lejona, en cuya fundación colaboró con mucho entusiasmo, y, además, titular de flauta en la Orquesta Sinfónica de Bilbao. También estudiaba física. Y me pregunto yo, y me permito preguntarles a ustedes ¿cómo dos tarados, analfabetos mataron al teniente? Una de las respuestas: por el solo hecho de ser teniente. Otra que se rumoreó, porque quitaba puestos de trabajo a los vascos y «él tenía bastante con el de militar», decían. Este comentario se lo aplicaron a muchos militares asesinados por la ETA, la mayoría de ellos cargados de hijos, como nuestro amigo César, y a otros que sin realizar ningún trabajo fuera de su profesión, se lo aplicaban igualmente, y parte del pueblo vasco se lo creía, les aplaudía a los etarras y callaba antes sus crímenes.

Con posterioridad, después de 24 años, el pueblo de Lejona crea el Premio César Uceda para Jóvenes Intérpretes, celebrado desde el 2006, en el conservatorio del pueblo donde la víctima ejerció de profesor de armonía. Para la creación del premio, votaron a favor todos los representantes de los partidos, excepto los de Herri Batasuna.

Capitán Martín Barrio

El capitán de Farmacia Alberto Martín Barrios fue secuestrado por miembros de la ETA Político-Militar VIII Asamblea, una escisión de la rama político-militar de la ETA, el 5 de octubre de 1983 cuando salía de su domicilio para dirigirse a su destino en la Farmacia Militar del Gobierno Militar de Bilbao. Los «octavos» exigían la suspensión del juicio contra los miembros de la banda detenidos por el atentado al cuartel de Berga (Gerona), entre otras peticiones. Su cadáver apareció en las proximidades de una caseta forestal, cerca del cruce del Gallo, en Galdácano, con un disparo en la cabeza y con la boca amordazada. Esto fue el día 19 de octubre de 1983 por la mañana. En realidad, lo habían asesinado la tarde antes. Era de Bilbao, tenía 39 años, estaba casado y tenía tres hijos.

Con el capitán nos veíamos a diario, ya que estábamos en el mismo acuartelamiento. Y por su sociabilidad y educación, era agradable dialogar con él. Algunas veces nos socorrió de vendas, tiritas, alcohol y agua oxigenada, en pequeñas cantidades, cuando se nos agotaban en el botiquín de la compañía. Y siempre lo hacía con agrado y, con gracejo, a veces le decía al sanitario que tenían que aumentarnos el presupuesto mensual.

Alberto se acababa de comprar un coche nuevo, no muy grande, tipo Seat Panda de aquella época. Una mañana, cuando teníamos a los manifestantes de continuo en la puerta del Gobierno, el soldado de la PM que cubría el puesto de plantón me comunicó que le habían tomado la matrícula al coche del capitán de Farmacia, igual que había pasado días antes con el del teniente coronel Rotaeche. Cuando se lo comuniqué, quedó muy sorprendido:

—¿Estás seguro? —me preguntó.

—El policía militar lo ha observado con total claridad —respondí al momento.

Cuando le secuestraron, tres años más tarde, debía de estar en el interior de su coche, ya que este apareció en las proximidades del Gobierno, mal aparcado y con las llaves puestas. Fue la primera pista del secuestro.

No era imaginable que secuestrara la ETA al capitán de Farmacia dado que poca información, interesantes para ellos, podían recabar de él por su especialidad de farmacéutico. ¡Solo querían asesinar a un militar!

Atentado al autobús de Soyeche

El día 7 de diciembre de 1984, vísperas de la Inmaculada, el autobús militar que realizaba la ruta entre Bilbao y Soyeche sufrió un atentado perpetrado por la ETA mediante la explosión de un coche-bomba. El atentado ocurrió en el cruce del

Gallo, en Galdácano. Viajaban en el autobús catorce militares —mandos y tropa— y empleados civiles, escoltados por dos Land Rover de la Policía Militar, uno delante y otro detrás. Tras la explosión, los soldados de la PM que iban en los coches de escoltas repelieron el ataque de los terroristas, que pretendían rematar a los heridos.

Perdieron la vida el teniente Juan Enriquez Criado, el subteniente Francisco Javier Jiménez Lajusticia y el cocinero civil Luis Alberto Asensio Pereda y herido de gravedad, el teniente Francisco Bermejo Rodríguez, que le dejó grandes secuelas, por lo que no pudo incorporarse a la vida militar activa. También fueron heridos el cabo Siverino con pronóstico muy grave y la señora empleada de la limpieza María Santamaría con pronóstico no grave. El capitán-capellán, un sargento, varios soldados, entre ellos uno de la escolta, y dos civiles sufrieron heridas de menor consideración.

El teniente Criado, natural de San Fernando (Cádiz), de 39 años, estaba casado, tenía cuatro hijos. El subteniente Lajusticia, natural de Logroño, de 43 años, estaba casado, tenía tres hijos. El cocinero civil Luis Alberto natural de Ahedos de Linares (Burgos), estaba soltero.

Al día siguiente, día de la Patrona del Arma de Infantería, en el acuartelamiento de Soyeche se celebró el funeral de *corpore insepulto* por los tres fallecidos. Al finalizar el acto religioso, el coronel jefe del regimiento dirigió unas palabras a los familiares y acompañantes en la que pueden resaltar: «Sin odio y sin ira». «Han destrozado varios hogares, pero no a nosotros, a los del Regimiento Garellano, a los que formamos bajo la bandera rojo y gualda. Mañana los huecos que han dejado el teniente, el subteniente y el funcionario serán cubiertos por otros soldados. Seguiremos día a día por nuestro camino».

Al teniente Criado lo conocía desde hacía años, desde cuando estábamos destinados en Ceuta, en Regulares; al subteniente Lajusticia, desde que llegué a Bilbao la primera vez. Él ya estaba en el Garellano. Con el teniente Bermejo, coincidí en varios destinos: en el Tenerife 49, en Santa Cruz de Tenerife y en el Canarias 50, en Las Palmas de Gran Canarias. Ingresó en el ejército, muy joven, en la Agrupación de Banderas Paracaidista y participó con la I Bandera en el conflicto armado de Ifni-Sahara, en el año 1958, donde entró en combate.

Teniente coronel Díaz Arcocha

Carlos Díaz Arcocha, teniente coronel de infantería y superintendente jefe de la Ertzaintza.

Fue asesinado el día 7 de marzo de 1985 en las afueras de Vitoria, en el aparcamiento de la gasolinera de Elorriaga mientras tomaba un café. Unos diez minutos, en este espacio de tiempo, los etarras colocaron una bomba lapa en su coche con un dispositivo iniciador con sedal de pescar anclado a una de las ruedas, que activó a la carga explosiva en cuanto su vehículo inició el movimiento. El militar fue trasladado al Hospital de Santiago aún con vida, donde al poco falleció. La ETA reivindicó el asesinato, pero todavía no se sabe quiénes fueron los ejecutores, como otros muchos. Era de Bilbao, tenía 52 años, estaba casado y tenía cinco hijos. ¡La Policía vasca ni siquiera investigó este crimen, cuando en cualquier cuerpo policial, del mundo civilizado, hubieran revuelto Roma con Santiago hasta dar con los asesinos de su primer jefe!

Al teniente coronel lo conocí en el año 1971 cuando él era capitán y estaba destinado en la Legión, en el Sahara, en el Tercio don Juan de Austria y mandaba una compañía. Era querido por sus legionarios y se preocupaba mucho por ellos. Nuevamente, nos volvimos a ver en el año 1980 en San Sebastián, en el acuartelamiento de Loyola, sede del Regimiento Sicilia donde estaba destinado de comandante. Yo había ido a San Sebastián en misión de servicio y cuando lo vi me costó reconocerlo sin el uniforme de sarga verde y el gorrillo legionario; además, había envejecido, pues el tiempo pasa y deteriora. Nos alegramos de vernos, recordamos a antiguos compañeros mientras tomamos café, y quedamos en vernos.

¿Por qué mataron al superintendente jefe de la Ertzaintza? Otra vez la misma pregunta: ¿Por qué? Y la respuesta también la mismas: Por ser militar o por que no querían a un militar de jefe en la Ertzaintza. Por lo demás, era un mando ideal para la Policía autónoma: vasco de Bilbao, sabía mandar, tenía una gran experiencia en ello, tenía buena presencia y, a la vez, era sociable y popular en su entorno. ¿Qué querían más?

Comandante Sáenz de Ynestrillas

Ricardo Sáenz de Ynestrillas Martínez, comandante de infantería. Fue asesinado el día 17 de junio de 1986 en la avenida del Manzanares (Madrid). Junto a él, murieron el teniente coronel Carlos Vesteiro Pérez y el soldado conductor del vehículo militar Francisco Casilla Martín, ametrallados por miembros de la organización terrorista ETA: uno de estos asesinos era Iñaqui de Juana Chao.

El comandante natural de Madrid tenía 51 años, casado y tres hijos. El teniente coronel de la Coruña, tenía 53 años, casado y cuatro hijos. El soldado de Madrid tenía 19 años, soltero.

El comandante participó en el intento de golpe de estado nombrado como Operación Galaxia. Fue procesado y condenado por ello. Después de cumplir la condena, fue destinado forzoso, a la Zona de Reclutamiento de las Palmas de Gran Canarias, donde le conocí.

Estaba destacado con mi compañía, en el acuartelamiento de Las Rehoyas Altas. Cuando el comandante hizo su presentación en la zona ubicada en dicho acuartelamiento, a veces nos acompañaba cuando realizábamos, a primera hora de la mañana, la educación física. En aquellos ratos me decía que le agradaba más estar cerca de la tropa que entre papeles, que era ahora su destino, por lo que intimidé con él. Cuando nos veíamos en la residencia, intercambiábamos conversación que la mayor parte de las veces, estaba relacionada a Regulares y la Legión, dos excelentes unidades. Él había estado destinado cinco años en la X Bandera de la Legión en el Sahara y yo siete años en Regulares n.º 1 en Ceuta. Los mandos de los Tercios de la Legión y los de los Grupos de Regulares se cambiaban entre estas unidades con frecuencia, por no dejar África o por motivos de ascenso, estudios de los hijos y otros; no se le habían olvidado al comandante los años vividos en aquel destino. Tenía un trato educado y agradable. Nunca había estado destinado en el País Vasco.

Otras vivencias con los independentistas

Durante mi vida militar activa, he vivido muy de cerca tres movimientos independentistas: El de las Islas Canarias, el del Sahara español y el del País Vasco y parte de Navarra. Haré un pequeño resumen.

El movimiento independentista Canario (MPAIAC)

Cuando llegué destinado a las islas Canarias en el año 1970, estaba en plena efervescencia el Movimiento por la Autodeterminación e Independencia del Archipiélago Canario (MPAIAC), su fin la secesión del archipiélago canario de España, liderado por Antonio Cubillo, que tenía su santuario en Argelia, con sus medios de propagandísticos instalados en la misma, principalmente en su capital Argel, donde tenía a su disposición la potente emisora de Radio Argel, desde donde transmitía toda la propaganda a las islas, en *La Voz de Canarias Libre*, financiado el movimiento independentista por Argelia y Libia.

El movimiento independentista optó por una línea africanista, recurriendo a la exaltación de los antiguos aborígenes de Canarias, los «guanches», que ningún vestigio de consanguinidad quedaban de ellos, pero era un revulsivo para algunos canarios y por tanto la idea fuerza de Cubillo. Llegó a conseguir el apoyo de un comité de liberación de la Organización para la Unidad de África (OUA), dirigido por Argelia y Libia, este comité declaró a Canarias como un archipiélago geográficamente africano, alegando la yuxtaposición de las islas respecto a África. Debido al apoyo, entonces, de la (OUA) tuvieron muy cerca la posibilidad de conseguir la independencia, no por el potencial bélico del (MPAIAC) y de su brazo armado las Fuerzas Armadas Guanches (FAG) que era prácticamente nulo, ni por las cualidades de su jefe, el Rubio, un delincuente común, sino por el apoyo de los países africanos.

El Rubio fue el que secuestró al empresario canario, tabacalero, Eufemiano Fuentes, al que posteriormente asesinó y arrojó su cadáver a las profundidades de un pozo donde nunca pudo ser recuperado.

En las islas, la propaganda era reducida, consistente en pintadas en paredes alusivas a la independencia, siendo las más propagadas «Viva Canarias Libre» y la despectiva «Fuera godos», que también eran pronunciada en manifestaciones y en pequeños enfrentamientos verbales entre algunos peninsulares y algunos canarios que terminaban de ordinario en puñetazos y «morretasos» —cabezazos—. En ocasiones, pegaban en las paredes algunos pasquines, tiraban y distribuían algunas octavillas reivindicativas a la causa, pero la protesta no llegaba a mucho más; no obstante, hubo un muerto por artefactos explosivos colocados por los independentista en San Cristóbal de la Laguna (Tenerife), donde murió un policía. Otro artefacto pusieron en los almacenes de Galerías Preciados en Las Palmas de Gran Canarias, sin víctimas, y otro en una cafetería céntrica de Santa Cruz de Tenerife, donde resultó herido un camarero.

No obstante, los del MPAIAC hicieron explosionar una bomba en la floristería situada en el área de embarque del aeropuerto de Las Palmas, atentado en el que resultaron heridas siete personas. A continuación de la explosión, anunciaron la colocación de otro artefacto de gran potencia, por ello el servicio de control de vuelos dio órdenes a la torre para que desviaran el tráfico aéreo al pequeño aeropuerto de Los Rodeos (Tenerife), provocando el día 27 de marzo de 1977, el mayor accidente de la historia de la navegación aérea mundial al colisionar dos grandes aeronaves de vuelos intercontinentales, Boeing 747-Jumbo, donde murieron 583 personas y 61 heridos. De esta exorbitante cantidad de muertos y heridos, fueron los del MPAIAC responsables directa o indirectamente, pero responsables, junto a todos los separatistas canarios que le apoyaban. Ésta es la gloria que consiguieron los independentistas canarios.

Si los canarios hubiesen conseguido la independencia, inmediatamente el archipiélago hubiese sido ocupado por Marruecos. Si, igual que hicieron con el Sahara por aquellos entonces. Si, si, ahora parece mentira, pero en aquellas fechas estuvieron cerca de conseguirlo, con muchas más probabilidades que vascos y catalanes en aquellos días y en la actualidad.

El movimiento independentista del Sahara español

El Frente Polisario. Frente Popular para la Liberación de Saguia el Hamra y Río de Oro. Su primer secretario fue Brahin Gali.

En el Sahara español, había una buena convivencia con los nativos, muchos de los cuales destinados como militares en la Agrupación de Tropas Nómadas del Sahara y en la Policía Territorial del Sahara. Otra mayoría eran nómadas. Desde el año 1970, el movimiento independentista empieza lentamente a manifestarse y ponerse en contra de los españoles allí residentes y de todo lo español. A partir de la manifestación en el «barrio popular» de Khata Rambla, que fue el preámbulo de los movimientos de carácter nacionalista hasta la independencia, hubo varios militares españoles muertos y heridos: unos en enfrentamientos directos y otros por causas de las minas contrapersonal y contracarros, sembradas por el Frente Polisario, así como por colocación de artefactos explosivos en la cinta transportadora de fosfato de Fosbucraa, en instalaciones eléctricas y algunas más.

Los días 9 y 14 de mayo de 1975, secuestran a dos patrullas —Pedro y Domingo— de la Agrupación de Tropas Nómadas, llevadas a cabo por los militares nativo componentes de esas patrullas, que se rebelaron contra sus jefes y compañeros europeos —españoles—. En esta rebelión, murió el soldado Ángel Moral Moral, y resultaron heridos un sargento y un soldado, todos europeos. El cautiverio duró 123 días deambulando por el desierto. Lo pasaron muy mal los secuestrados, hubo momentos que se temió por sus vidas y ellos también lo temieron.

El día 12 de mayo de 1975, los representantes elegidos por la Organización de Naciones Unidas (ONU) para recorrer el territorio serían recibidos en El Aaiún por una multitud saharaui blandiendo banderas del Frente Polisario, ante la pasividad y el asombro de las autoridades españolas, que desde el Gobierno de la nación habían pedido a las Naciones Unidas que enviaran una misión visitadora. El Gobierno General del Sahara era el que había organizado el recibimiento, por lo que esperaban que los numerosos saharauis afiliados al Partido de la Unión Nacional Saharaui (PUNS), les hubieran recibido enarbolando consignas favorable a los intereses españoles, que tambіén eran lo de los saharauis, como desde este día hasta el de hoy el tiempo lo ha demostrado. Pero ocurrió todo lo contrario: la multitud tenía bien estudiada la envolvente y se convirtió en una manifestación totalmente en contra de los españoles y de todo lo español.

El presidente del PUNS huyó a Marruecos, con la caja de caudales del partido, para someterse a la autoridad del Rey Hassan II.

El 12 de mayo de 1975, la misión visitadora de las Naciones Unidas, reconoce al Frente Polisario como único representante del pueblo saharaui.

El 6 de noviembre de 1975, la marcha verde traspasó la frontera internacionalmente reconocida del Sahara Occidental.

Por los acuerdos tripartitos de Madrid del 14 de noviembre de 1975, considerados nulos por la ONU, España entrega el Sahara a Marruecos y al régimen de Uld Dadah. El Frente Polisario, seguido por una mayoría de hombres, mujeres y niños, huye a Tinduf (Argelia), donde se refugian sus integrantes. España organiza la Operación Golondrina para la salida de los españoles del territorio, abandonando las últimas unidades militares españolas el 26 de febrero de 1976, cumpliendo órdenes del Gobierno de la nación.

Antes de la independencia del territorio en el año 1974, el Gobierno de la nación creó para los saharauis el Partido de la Unión Nacional Saharaui (PUNS), cuando en España no existían los partidos políticos, siendo su secretario general Khali Henna Ould Al Rachid, educado en España y casado con una española, y con la finalidad de preparar al pueblo saharaui para su autogobierno. Las autoridades españolas tenían becados a estudiantes saharauis en universidades y otros centros de enseñanzas de Madrid, San Cristóbal de la Laguna (Tenerife) y otras ciudades españolas, siendo una de ellas Zaragoza, en cuya Academia General Militar se hallaba el caballero cadete Hamadi, saharaui, mi amigo, hoy coronel de infantería (retirado).

También era notorio el número de alumnos que estudia-
ban enfermería en el Hospital Universitario de Santa Cruz
de Tenerife. Todos estos becarios, excepto Hamadi que no lo
era, abandonaron España por decisión propia y se incorporaron al Polisario.

Los saharauis, si se hubiesen acogidos a la independencia
tutelada que les brindó España, hoy serían unos de los países
con la mayor renta *per cápita* del mundo, dada su poca población autóctona 73.497 personas: según el meticuloso censo
efectuado por los españoles en el año 1974, por las minas de
fosfato e hidrocarburos y por el banco pesquero sahariano,
más un grandísimo proyecto turístico, en combinación con el
grupo canario hotelero, éste, con capital alemán.

Los saharauis llevan más de 45 años viviendo de las limos-
nas multinacionales, en el desértico e inhóspito territorio ar-
gelino de Tinduf, y ahí continuarán por tiempo indefinido
hasta que Alá, su Dios, quiera.

A esta grandísima ruina, es a la que llevaron los del Frente
Polisario a su pueblo.

El movimiento independentista Vasco

Relativo a la organización terrorista ETA —Euskadi Ta As-
katasuna—, que llenó a España de dolor y de luto, ya he escrito lo suficiente, no pretendo cansar a nadie, pero debo decir
adonde llevó la ETA al pueblo vasco, a un desprestigio mundial, y al resto de los españoles, incluidos los vasco y navarros,
a un sufrimiento que tardaremos años en olvidar.

Sepan nuestros políticos que los independentistas, sean
catalanes o vascos, no se cansarán de pedir, y mientras más
les den y más concesiones les hagan, más les exigirán hasta alcanzar su objetivo final, la independencia. Por ello, me
permito decirles, que deben reconducir su política de «bue-
nismo» por otros caminos más sensatos.

La actualidad

Después de estas vivencias y muchas más, ahora que por mi edad dispongo de tiempo, antes lo dediqué a mi trabajo en el ejército, leo, veo, oigo y pienso y muy preocupado me pregunto adónde nos van a llevar estos políticos. ¿A romper España?, ¿A la ruina total? Lo que me preocupa de verdad ahora mismo es el tema de Cataluña y del País Vasco. Pienso: Si los etarras, ayudados por una parte de los vascos y navarros, después de tantas muertes y desgracias, dejadas por esta partida de malhechores, no consiguieron lo que pretendían, como no podía ser de otra manera, ahora que estos políticos catalanes, unos presos y otros fugados, todos con caras de «paniaguaos», en andaluz, puedan conseguir la independencia con la ayuda incondicional de nuestros gobernantes actuales, no me estoy inventando nada, a las pruebas me remito, el vicepresidente segundo se une, aplaude y potencia las declaraciones del ministro de asuntos exteriores ruso y con estas y otras Pablo Iglesias perjudica gravemente el prestigio de España, y el presidente del Gobierno de la nación, Pedro Sánchez, permanece callado, y no es capaz de ponerlo «firmes», que es lo que necesita, pero me temo que es lo contrario. ¿Quién pone firmes, a quién? Y lo que se avecina...

¡Alá es grande, Dios es grande, que nos guíe por buen camino! Esto decíamos los soldados de Regulares cuando emprendíamos alguna acción que implicaba riesgo.

EPÍLOGO
Cero, diez, veinte, cuarenta

¿Cómo empezar este epílogo? Lo más manido sería parafrasear a Lope de Vega, nuestro Fénix de los Ingenios;

Un soneto me manda hacer Violante
y en mi vida me he visto en tal aprieto...

Un epílogo me pide mi buen amigo Diego Umbría, para rematar su bien trabado libro: *Vivencias de un militar en el País Vasco, en los años más duros de la ETA,* cosa harto difícil, pues la naturaleza del epílogo es sustancialmente distinta del preámbulo, donde priman la presentación de la obra enmarcada en una cierta loa de su autor. El epílogo, ha de ser consecuencia del texto ya escrito y leído, pero construido por diferente pluma. Puede añadir algo o puede exponer las consecuencias de la narración. En este caso, ambas cosas las expone el propio autor en su texto, concretamente en su último capítulo: Conclusiones. Magro espacio me dejas pues, Diego, para desarrollar lo que me pides, que no desmerezca de lo que has escrito y que aporte algo más.

No me queda otra que escribir en paralelo a tu propia narración. Pretendo así certificar lo que en ella se plasma, extendiendo las vivencias, reflexiones y sentimientos a través de las cuales tú nos desnudas tu noble alma; a otros miembros de la comunidad militar, y por extensión, a otros servidores del Estado, policías, funcionarios, jueces, u otros servidores de la propia sociedad, como los periodistas o, incluso, de un gran número de ciudadanos que no han renunciado a su derecho a ser españoles, sin dejar de ser vascos y habitar en estas tierras. La razón de los militares es muy clara, yo diría que hasta muy simple: Porque allí, como en cualquier otra parte del territorio, ondea una bandera de España.

Bien, pues ya saben ustedes, amables lectores, por dónde va a rular este epílogo; tal vez sea el momento de explicar su título: Cero, diez, veinte, cuarenta. Arranca la narración de Diego Umbría el 15 de julio de 1979. Pues bien, consideremos ese año como el año cero de la crónica que acaban ustedes de finalizar. El resto, lo irán descubriendo sin dificultad.

Cero

Diego y yo nos llevamos poco más de cinco años. Diferencia significativa si estuviéramos hablando de un período juvenil, pero que pierde su relevancia en la madurez. Quiero decir que los dos hemos vivido con intensidad los hechos recogidos en su crónica. Somos de la misma generación. De hecho, en el «año cero» de esta historia, cuando Diego se disponía a ir destinado a las Vascongadas, yo dejaba mi destino en Cataluña. Y es curioso, porque una actividad que Diego Umbría ha practicado con pasión, en su tiempo de ocio, yo la tuve que enfocar profesionalmente. Había pasado de mandar una compañía de la Legión con treinta y tres Land Rover y dos camiones, a mandar otra de cazadores de montaña, con treinta y cuatro mulos y cuatro caballos, en Berga, una ciudad del curso alto del río Llobregat, capital del Berguedà.

Por aquel entonces, los militares que estábamos destinados en Cataluña comenzamos a experimentar algunas preocupaciones, como la escolarización de nuestros hijos y poco más. Era por tanto una situación bien diferente a la se vivía en Vascongadas, como bien describe Diego en su relato. La lengua catalana no representaba inconveniente alguno. En nuestras largas marchas y numerosos ejercicios por la comarca y provincias próximas, en las ciudades más grandes casi nadie hablaba en catalán, y cuando nos parábamos por los montes y campos del paisaje catalán a hablar con algún pagés, puede que iniciara la conversación en su lengua materna, pero al advertir que nosotros no la dominábamos pasaban al castellano sin mayores dificultades. La cosa fue cambiando paulatinamente, pero todavía no hemos pasado del año cero. Años que en lo que se refiere a las Vascongadas, muchos han llamado y con razón *Los años de plomo*. Ustedes acaban de transitar por ese período con los ojos de Diego Umbría y habrán notado la cantidad de atentados, el ambiente tan enrarecido que se vivía y, sobre todo, la actitud de desconfianza rayana en la más abyecta connivencia de una parte de la población. Con duras palabras nos lo describe el teniente Umbría inspiradas en las del pastor alemán Martin Niemöller: «Cuando los nazis vinieron a llevarse a los comunistas, guardé silencio, ya que no era comunista...».

Diez

Pues sí, habían transcurrido diez años desde aquel año Cero en el que el alférez Diego Umbría había sido destinado al País Vasco, primero a Vitoria y más adelante a la Compañía de Policía Militar de Bilbao. Dos años después fue destinado al Regimiento de Infantería Canarias 50, que tiene su sede en las Palmas. Andaba yo no muy lejos, en el Tercer Tercio de la Legión, en la isla de Fuerteventura. A pesar de la relativa proximidad, como en las maniobras nuestras respectivas unidades hacían de «enemigas» una de la otra y en competiciones deportivas éramos rivales, Diego y yo nunca llegamos a coincidir. Al final de la década, él había ascendido a capitán y tenía que pedir destino. A pesar de los riesgos y sinsabores que había experimentado en su paso por Vascongadas, no lo dudó, volvió a solicitar una vacante en la USAC del Regimiento Garellano, en Munguía, con carácter voluntario. Para entonces ya se había casado con Mercedes, y cuando le contó su decisión, ella le respondió: «Tú la has pedido, de modo que si te la dan, allí iremos juntos».

Algo similar me pasó a mí al cabo de los diez años de haber dejado Cataluña. Había ascendido a comandante y acababa de terminar el Curso de Estado Mayor (EM). En aquel momento no tenía vacante de EM en la Legión, que era mi aspiración, así es que decidí empezar mi experiencia en el servicio de EM empezando por abajo, es decir, en una Brigada. Y como nunca había estado destinado en las Vascongadas, donde un buen puñado de militares con sus familias lo estaban pasando muy mal, me decidí a pedir la vacante existente en la Brigada de Cazadores de Montaña LI, de guarnición en San Sebastián. Para entonces, yo también me había casado con Bernardi y teníamos cuatro hijos. Cuando se lo dije a mi mujer, no recuerdo exactamente sus palabras, pero fueron muy similares a las que Mercedes le profirió a Diego.

Las impresiones que el capitán Umbría se llevó de esta su segunda estancia en Vascongadas difirieron mucho de las que recordaba de la etapa anterior. Menos pintadas en las calles, la Ria del Nervión más limpia y Bilbao más moderno. No fueron esas las impresiones que yo me llevé, tal vez porque para mí era mi primer destino en las Vascongadas y yo sí que no tenía elementos de comparación. Quizás porque el día en que me despedía de mis padres, a los que había invitado a comer antes de emprender viaje, el telediario informaba de una explosión en las casas militares de Loyola, justo detrás de los cuarteles, donde estaba la Residencia en la que había de pernoctar con mi familia. Al día siguiente hice mi presentación al general jefe de la brigada, que al tiempo desempeñaba el cargo de gobernador militar de Guipúzcoa, en el Cuartel General de la Brigada, que estaba situado en el primer piso de uno de los dos cuarteles de Loyola. Desde la ventana de mi despacho, pude contemplar el característico paisaje de los arrabales de las ciudades vascas, mitad urbano, mitad rural. Bordeaba por dos lados del cuartel el río Urumea, que discurría plácidamente camino de su próxima desembocadura. Al otro lado, una carretera protegida por un talud, y en él, escrita una dedicatoria que ciertamente me impactó: «Matar a tu capitán no es un delito, es un acto de justicia». Matar a tu capitán, ¡el alma de un ejército! No, no me llevé yo ninguna impresión ciertamente favorable, aparte de la belleza, vitalidad y armonía de la ciudad de San Sebastián, enmarcada por la incomparable playa de la Concha. Muchas de sus excelencias, nos estaban vetadas a militares, guardias civiles, policías, etc. Por las razones que Diego Umbría expone largamente en su libro, mi mujer, a la que por su característico acento canario tal vez no la habían identificado, le compraba el pan a la de un policía. «A los txacurras, no les vendemos aquí» —le habían espetado.

Vivimos en un conjunto de sencillas viviendas militares, los bungalós. Casitas prefabricadas de una o dos habitaciones rodeadas de una alambrada y custodiadas por la Policía Militar. Soldados de reemplazo (escogidos por su procedencia fuera del territorio), los mismos que el teniente Umbría había mandado en Bilbao. Pero a diferencia de Diego, otros muchos y yo sí tirábamos descuidadamente al suelo las llaves del coche, matrícula de Málaga, para agacharnos a recogerlas y de paso, comprobar que nada sospechoso había en los bajos. De hecho, (esto lo supe cuando ya habíamos dejado las Vascongadas), Bernardi les había enseñado un juego a los niños cuando iban en el coche, consistente en que ella contaba hasta tres, y a la de tres, los hermanos se arrojaban sobre el asiento trasero, protegiendo al más pequeño de ellos.

A principios de 1991, ETA asesinaba al coronel Luis García Solano, secretario del Gobierno Militar, descerrajándole catorce tiros en el Paseo de los Fueros. Unos meses más tarde, al finalizar una Jura de Bandera que se celebraba en el cuartel de Loyola, desde el mismo monte por encima de la pintada a la que ya me he referido, atentaban contra el coronel José María García de Frías, el Txiqui Frías, un donostiarra de bien que la presidía. Le dispararon por la espalda —¿podría ser de otra forma?— hiriéndole en una pierna y derribándole del podio. Entre un teniente coronel y yo lo cogimos en volandas y lo introdujimos en el cuerpo de guardia. Todo ello en presencia de Mari Sol, su esposa, y de mi padre (un viejo soldado al que yo había invitado para que viera cómo los soldados vascos juraban la bandera de España), de mi madre y de mi esposa Bernardi.

De igual forma que Diego Umbría visitaba el Cuartel de la Guardia Civil de la Salve en Bilbao, yo visitaba con asiduidad el de Inchaurrondo, donde tuve que acompañar en numerosas ocasiones al teniente coronel Galindo, dando su último adiós a los guardias asesinados. Afortunadamente, al punto de dejar yo San Sebastián, fui testigo de uno de sus grandes logros: la desarticulación del Comando Donosti (el segundo de ellos).

A todo esto, Bernardi se había quedado embarazada de nuestro quinto hijo. Tras un análisis sereno decidimos prolongar una año más (un curso escolar) nuestra estancia en

San Sebastián, porque nos gustaba la tierra, su gente y a mí el destino; pero no llegamos a completar los dos años, porque al final del verano fui designado, en comisión de servicio, como observador de Naciones Unidas en Angola.

Cuando dejábamos la ciudad camino del sur, sentí sollozar a Bernardi a la altura de los túneles de Tolosa. Es la única vez que la he visto hacerlo, tras haber vivido en veintitrés casas diferentes, diez ciudades, cinco comunidades autónomas y dos países extranjeros. Después de todo, nos había cautivado Guipúzcoa.

Veinte

Bueno, Para ser más preciso, algo más de veinte años: concretamente veintidós después del primer destino de Diego Umbría en el País Vasco. Se encontraba destinado al frente de la Unidad de Servicios del Acuartelamiento (USAC) Millán Astray que alberga al Tercio Gran Capitán Primero de la Legión en Melilla, cuando yo tuve el honor de ser destinado como primer jefe del mismo. Era la culminación de mi carrera legionaria tras catorce años en las filas de la Legión.

Y allí conocí para siempre al ya teniente coronel Umbría. He de decir en purismo, que la unidad de su mando, la USAC, no pertenecía orgánicamente a la Legión. Era una unidad dedicada a prestar los servicios de vida del Tercio, la única unidad que ocupaba el acuartelamiento. Y bajo su mando, en todos los aspectos fue una unidad legionaria más. Sus componentes procedían mayoritariamente de la Legión, vestían uniforme legionario y lo que es más importante, en sus formas, en su espíritu y en su ejecutoria constituían una unidad más del Primer Tercio de la Legión. Muchas de las funciones, que desde teniente yo veía que desarrollaban mis coroneles de los tercios, ahora estaban en manos del teniente coronel Umbría. La seguridad del acuartelamiento, la limpieza y policía de las instalaciones, la calidad y puntualidad en la distribución de las comidas, los alojamientos, el abastecimiento de combustible, la higiene del cuartel y un sinfín de funciones recaían en sus manos. La responsabilidad última era mía, pero él era mi más cercano colaborador en todos estos aspectos.

Así se fue fraguando una confianza, yo diría que mutua, que transportamos los dos al campo de la amistad. De hecho, compartíamos los dos el amor por el noble bruto y Diego tenía unos caballos estabulados al otro lado de la frontera, cerca de Farhana, y en numerosas ocasiones nos invitó a mi familia y a mí a compartir monturas. Paseos a caballo que yo aprovechaba para verificar «desde el otro lado de la colina» las avenidas de aproximación a Melilla. Las zonas vistas y ocultas, los observatorios o las posibles zonas de reunión. Y entre Mercedes y Bernardi surgió algo parecido. Siempre atentas a las vicisitudes profesionales de sus maridos.

Diego veinte y yo diez años atrás, habíamos vivido unas experiencias vitales, profesionales y sociales con muchos puntos en común, pero lo cierto y verdad es que no hablamos mucho sobre ellas. Tal vez en un par de ocasiones, cuando Diego me contó, a la vista de mi interés por el boxeo, que él había impartido clases de defensa personal a su compañía de Policía Militar; o al referirnos a algún hábito de seguridad que habíamos adquirido durante nuestra estancia en el País Vasco. Puede que nos relatáramos uno a otro algún atentado de la ETA que habíamos padecido o el caso de algún amigo en común que perdimos. Poco más. Los militares somos bastante remisos para hablar de ciertas cosas, a no ser que lo hagas por su valor terapéutico o didáctico, como es el caso del libro que acaba usted de leer.

Pero sí me quedó, desde luego, el recuerdo de un oficial comprometido con su misión y eficaz en los resultados. Juicioso, preocupado por sus subordinados y lleno de modestia, como rezaba el verso de Calderón de la Barca. Y continuamos nuestras vidas, unidas por una amistad y aprecio mutuo que han traspasado los años, aunque, mirando las cosas en perspectiva, tengo que lamentar las escasas ocasiones en las que nos hemos dado cita.

Cuarenta: El epílogo del epílogo. ¿Qué ha quedado de todo aquello?

La vida se nos impone. Al teniente coronel Diego Umbría Quiñones le alcanzó la edad de pase a la situación de reserva al frente de la USAC Millán Astray en Melilla. Y le alcanzó vestido de verde, el uniforme legionario. De verdad ¡Cuánto me alegro de ello! Se recordará así mismo por siempre con el uniforme con el que yo le conocí y del que hizo callada sublimación. En palabras de los clásicos

> Aquí, a lo que sospecho,
> no adorna el vestido al pecho
> que el pecho adorna el vestido.

En la actualidad vive a caballo (¡a caballo!, nunca mejor dicho) entre la imperial Toledo, tierra de su inseparable Mercedes, y el Campo de Gibraltar, en Los Barrios, no muy lejos de su añorada Gaucín natal. Por mi parte, la cuerda me duró algunos años más, que pude ampliar con un destino en la reserva al frente del Patronato de Huérfanos del Ejército, esa institución benéfica creada al final del siglo XIX por el teniente general Fernández de Córdoba «al servicio de los huérfanos de nuestros compañeros de armas que han muerto sin dejar otro patrimonio que su sable y su hoja de servicios». Entre ellos, los hijos de los militares de cualquier graduación, asesinados por la espalda, por sorpresa, con toda iniquidad, por una banda que se erigió en portavoz del pueblo vasco, de una parte de los españoles.

Nos encontramos ahora Diego y yo al cabo de cuarenta años del inicio de su relato, *Los años de plomo,* y no sabría decir si más sabios, pero sí mas desengañados. ¿Ha valido la pena? Durante la segunda estancia de Diego en el País Vasco, para mí la primera, oía decir con frecuencia: «Esto ya no es una simple lucha policial. Es la sociedad en general la que está ganando la batalla al terrorismo de la ETA». ¿Que cómo lo veo yo, al tiempo que cumplo con este gozoso encargo de escribir el epílogo al vigoroso libro de Diego Umbría? Júzguenlo ustedes. Han pasado muchas cosas. La eficaz labor de la Guardia Civil y de la Policía, que junto con la concienciación de la Ertzaintza han reducido a la inacción al aparato militar de la ETA. La colaboración internacional, particularmente de Francia, que ha rendido sus frutos, privando a la organización de un santuario seguro. Los intentos de internacionalización de los crímenes de la organización, mediante un intento de mediación internacional. Y, por último, la indecente cantidad de asesinatos y atentados todavía sin cerrar por cuya justicia sigue clamando la Asociación de Víctimas del Terrorismo.

Ustedes lo habrán notado. En su relato, Diego Umbría no cita por sus nombres completos más que los de aquellos que ya han pasado a mejor vida o que por su notoriedad son sobradamente conocidos. Yo no he hecho lo mismo ¿Por qué? ETA aparentemente, a regañadientes, por agotamiento, ha firmado la paz. Da la impresión de que Diego Umbría y yo no nos lo creemos del todo. No hemos visto gestos claros de desarme, declaración de arrepentimiento y verdadera vocación de conducir las legítimas aspiraciones por los cauces legales, que no le faltan en absoluto a nuestro ordenamiento legal.

No me queda más que dar las gracias con sinceridad y convicción a Diego Umbría por la valentía que ha tenido de desnudar su alma y coger la pluma (o aporrear el ordenador) para poner voz a los muchos, muchísimos militares que con los guardias civiles, policías, y otros «colectivos del Estado» hemos pasado por aquellas fantásticas tierras vascongadas, con nuestras familias o privados de su calor y proximidad, sirviendo a España y dando lo mejor de nosotros mismos, solo por el hecho de que en esa tierra tan singular, llena de historia y tradiciones, entre esas gentes que a lo largo de la historia han dado tantas muestras de heroísmo y compromiso con el resto de la nación española, en aquella tierra se iza cada mañana la bandera de España.

Adolfo Coloma Contreras
General de Brigada retirado del Ejército de Tierra

DIEGO ANDRÉS UMBRÍA QUIÑONES

Nacido en Gaucín (Málaga) en 1948, es teniente coronel de Infantería retirado. Durante sus más de cuarenta y tres años de servicio activo en el Ejército ha estado destinado en Unidades de Regulares, la Legión, Brigada Paracaidista y Acorazada en las ciudades de Ceuta, Melilla, Alcalá de Henares (Madrid) y Segovia. También sirvió en el País Vasco, en los años de ETA (Vitoria, 1979) (Bilbao, 1980-1981) (Munguía, Vizcaya, 1989-1990). En las Islas Canarias, en los Regimientos de Infantería Tenerife n.º 49, Canarias n.º 50 y expedicionario en el Sahara en 1975.

Oficial Especialista en Carros de Combate, posee la Cruz, Encomienda y Placa de la Real y Militar Orden de San Hermenegildo, cuatro Cruces al Mérito Militar y dos felicitaciones.

Ha participado en las I y II Jornadas sobre Derecho Internacional Humanitario, organizadas por la Universidad de Granada y la Consejería de Educación de Melilla.

Es autor del libro *Los contrabandistas de tabaco por el Campo de Gibraltar y la Serranía de Ronda (1945-1965): Sus aventuras y desventuras,* publicado en 2020.